U0139185

文史哲學集成

方俊吉 著

禮記之天地鬼神觀探究

文史哲出版社 印行

文史哲學集成 (117)

禮記之天地鬼神觀探究

著者：方俊吉
出版者：文史哲出版社
登記證字號：行政院新聞局局版臺業字〇七五五號
發行所：文史哲出版社
印刷者：文史哲出版社
臺北市羅斯福路一段七十二巷四號
郵撥〇五一二八八一二彭正雄帳戶
電話：三五一一〇二八

定價新臺幣一六〇元

中華民國七十四年三月初版

版權所有・翻印必究

前言

禮記禮運篇：孔子曰：「夫禮，先王以承天之道，以治人之情。故失之者死，得之者生。詩曰：相鼠有體，人而無禮，人而無禮，胡不遄死。」曾文正公聖哲畫像記亦云：「先王之道，所謂修己治人，經緯萬彙者，何歸乎？亦曰禮而已矣。」儒家之隆禮如此。而禮之大原又本於天地，並之鬼神。禮運篇：夫子又云：「是故，夫禮必本於天，殽於地，列於鬼神，達於喪祭、射御、冠昏、朝聘。」然而，天地鬼神之奇幻莫測，誠乃人之所難解而易惑，亦時爲異端邪說因之以惑衆誣民者也。是以先儒於天地之道，鬼神之德，多所闡示，以昭正德，用匡視聽也。

禮記一書，非成於一時一人之手。今傳四十九篇，觀其所載，當是孔子之後，齊、魯諸儒言禮之彙編。其中論及天地之道，鬼神之德、與夫敬天地，祀鬼神之要，衆且詳矣。今不揆檮昧謹就四十九篇中，述及天地鬼神之論，參酌諸家傳注，間附己見，整合其統緒，歸納其條理，詳加析究。都爲六章：一曰：緒論——敍述周、秦及漢代敬事天地鬼神之概況。二曰：禮原說微——用明原始初禮，肇於敬天地祀鬼神，以保安祈福。先王代起則因於天地之道，並於鬼神之德，訂定禮制，用以敬天地，奉鬼神，洽人倫，安政敎也。並以先儒所示執禮之精神及其大用之要。三曰：禮記之成書及其價值。四曰：禮記之天地觀。五曰：禮記之鬼神觀。六曰：結論。

余此所爲，雖不敢謂得禮學之要，然於探究先儒論禮之精神，從而匡正後世於天地鬼神之迷惑，或有取焉。惟避地海隅，文獻不足，資料難徵，疏漏之處，在所難免，淹雅君子，幸垂敎焉。

禮記之天地鬼神觀探究

凡例

一、本書所引禮記經文，係以藝文印書館印行之清嘉慶重刋宋本禮記注疏爲本。

二、書中各單元所援引之經文，悉依禮記之篇次爲序，同篇之文，則以文之先後爲序，無關義理之順序。

三、各單元中所引經文皆附按語，以明經文之義理。按語係就歷來各家之注疏，兼考相關之經籍，間附己意以立說。

四、各單元之後均附結語，用以闡明該單元之旨趣。

第一章　緒論

夫天地鬼神奇幻莫測。歷代先民事天地鬼神之道，不盡一致。周公郊祀后稷以配天，宗祀文王於明堂，以配上帝，有淸廟以配享功臣。周代並重鬼神，分鬼神爲四種：在天者爲天神，卽上帝，在地者爲地示（卽山川之神），人死曰鬼，卽祖，百物曰鬽；而卽以鬼神之尊卑，明主祭者之貴賤。惟天子可以祭天，諸侯祭其封內之山川，大夫祭其祖先，庶人則無廟而祭於寢。古代典禮以祭禮爲重，祭，以天爲尊，君主代表天，可以祭天，其他則不得祭天。周禮春官：冬日至，祭昊天上帝於圜丘，圜丘在南郊，故曰郊祭。郊祭不一，龍見而雩，則有雩酒；或祈農事，則有祈穀之祭。其時日先後各有不同，圜丘祭在冬至，祈穀在孟春，雩在仲夏，而均得以郊祭賅之。周禮春官云：「大宗伯之職，掌建邦之天神、人鬼、地示之禮，以佐王建保邦國。以吉禮事邦國之鬼神示，以禋祀祀昊天上帝，以實柴祀日、月、星辰，以槱燎祀司中司命、飌師、雨師。以血祭祭社稷五祀、五嶽，以貍沈祭山林、川澤，以疈辜祭四方、百物。以肆獻祼享先王，以饋食享先王，以祠春享先王，以禴夏享先王，以嘗秋享先王，以烝冬享先王。」又：「小宗伯之職，掌建國之神位，右社稷，左宗廟，兆五帝於四郊，四望四類亦如之。」由是可見周代於天地鬼神之祭禮甚重。

周代祭天之外，有五帝之祭禮，五帝亦各有其所配；太皞配木，炎帝配火，黃帝配土，少皞配金，顓頊配水。五帝之祀，掌於太宰，裘冕而祭，掌於司服。有寒暑之祭，籥章有仲春、逆暑、仲秋、迎冬之樂。有日月之祭，祭日於東，時在春分；祭月於西，時在秋分。古者以祭天最尊，而地次之。夏日至祭地於方澤，方澤在北郊，故亦稱郊祭。周時祭地，如壇壝、樂舞、圭璧之屬，均與祭天之禮相殊；祭天每歲四次，而祭地則夏至以外無聞焉，蓋天與地雖對稱，而實有別，以天爲尊，以地爲卑也。祭地之外，又有社稷，社祭土神，稷祭穀神。經傳於社稷，或分言之，或並稱並祀之，或僅言社。凡王爲羣姓立社曰大社，王自爲立社稱王社，諸侯爲百姓立社稱國社，諸侯自爲立社曰侯社。社稷之外且祭山川，達而望之，則名之曰望，祭於其地，則直曰祭山川。古時山川之祭，以四望爲最尊，四望乃祭五岳，四鎮、四瀆。人鬼之祭，爲祭宗廟，祭帝王、祭功臣。

三代祭祀以周爲最繁，可謂我國多神敎之典型時代矣。

古人以陰陽爲萬物之原，天陽地陰，是以古人崇拜以天地爲最，其中天以日、月、星辰爲對象；地以山、川、河、海、春、夏、秋、冬，及金、木、水、火、土爲對象，由此而推衍，發展而爲多神之論。

戰國之初，屈原爲賦有登仙之說，其時有宋毋忌、王子喬、充尙、羨門高之輩，各以仙術稱，燕人爲方士仙道，侈言形解消化之術，大爲列國人君所迷信，如齊之威王因齊、宣王辟畺，燕之昭王平，聞海上蓬萊、方丈、瀛洲三神山有諸仙及不死之藥，遂令人入海以求之。可見當時人君之迷信矣。陰陽、五行之論，在戰國時期亦與神仙之說相糅合；齊人騶衍，既以陰陽主運，顯名於諸侯。又創五德終始之說，以爲五行更旺，終始相生，王者易姓，取法於是。於是吾華上古神權之論，與夫神仙陰陽五行之說，成爲宗教形式之信仰，是以迷信之風獨盛。

漢承戰國之風，流行陰陽五行之說。蓋陰陽之說源於周易，五行之論始於洪範。周易乃筮占之繇辭，爲殷商以後之著；洪範以木、火、水、金、土五物作用，統轄時令、方位、神靈甚及道德之事。其成爲系統之學說，始自戰國。漢代承繼戰國之風，遂爲此種學說之全盛時代。論其要旨，以宇宙萬物均由陰陽二氣所成，火木屬陽，水金屬陰，土則居中，而由其相生相剋而起變化，於是將人事、世運之變化，盡歸於五行之推衍。其所謂相生，則木生火，火生土，土生金，金生水，水生木；所謂相剋，則木剋土，土剋水，水剋火，火剋金，金剋木。漢代儒者多敷衍此說，卽五常、五聲、五味、五色之類，亦均配之以五行。大儒董仲舒以五行說春秋，可見當時五行思想之盛矣。至於讖緯之學，亦脫胎於五行之說，而始於哀、平之際，易緯、書緯、禮緯、孝經緯、春秋緯等書，均錄載奇異之言也。

古之帝王多迷信神權，是以有封禪之事，秦始皇曾臨泰山之頂行封禪之禮，又至梁父行禪禮。至漢武帝時，又行封禪之禮，通鑑云：「上行幸泰山修封，祀明堂，因受計。還祠常山。」又：「上耕于鉅定，還幸泰山修封禪，祀明堂，見羣臣。」（見御批歷代通鑑輯覽卷十六）武帝非但封禪，且迷信神仙之說，方士之言。通鑑云：「上自泰山，東至海上，考入海及方士求仙者莫驗，然益遣冀遇之，十二月，親禪高里，祠后土，臨勃海，望祀蓬萊，至殊廷焉。」可見漢至武帝之盛猶且迷信如此。

儒家隆禮，於敬天地，事鬼神之禮儀記之甚詳。禮記禮器篇云：「故經禮三百，曲禮三千。」又中庸篇亦云：「禮儀三百，威儀三千。」然「禮經原祇是爲了便於推薦社會，普遍使用，才見諸文字的，所以其實用功能大於學術價值。嚴格點說，那祇不過是行禮如儀的一紙秩序單而已。如果希望從這裏面找出一些當時的社會觀念，當時人的意識型態，或是希望瞭解某些典禮的精神價值，某一節目的安排究竟是何用意等問題，這就必須仰賴一些闡述或說明的文字才行；而這類文字有不少保存在禮記裏面。因此可以說沒有禮經，我們無從獲知古代的禮制究竟是甚麼樣子；但沒有禮記，我們更無法瞭解這些禮制的眞正精神與用心。這樣說來，禮經固然有價值，而禮記的價值可能更高。」（見國學導讀叢編周何撰禮記導讀），則欲明儒家敬事天地鬼神之道，甚而洽人倫，安政教之理，當以禮記一書爲最直接之典籍也。

第二章 禮原說微

荀子禮論篇云：「禮起於何也？曰：人生而有欲，欲而不得，則不能無求，求而無度量分界，則不能無爭，爭則亂，亂則窮。先王惡其亂也。故制禮義以分之，以養人之欲，給人之求，使欲必不窮乎物，物必不屈於欲，兩者相持而長，是禮之所起也。椒蘭芬苾，所以養鼻也。雕琢刻鏤，黼黻文章，所以養目也。鍾鼓管磬，琴瑟竽笙，所以養耳也。蔬房檖頓，越席牀第几筵，所以養體也。故禮者，養也。君子既得其養，又好其別？曰：貴賤有等，長幼有差，貧富輕重皆有稱者也。故天子大路越席，所以養體也，側載睪芷，所以養鼻也。前有錯衡，所以養目也，和鸞之聲，步中武象，趨中韶護，所以養耳也。龍旗九斿，所以養信也。寢兕、持虎、蛟韅、絲末、彌龍，所以養威也。故大路之馬必信，至教順然後乘之，所以養安也。孰知夫出死要節之所以養生也，孰知夫出費用之所以養財也，孰知夫恭敬辭讓之所以養安也，孰知夫禮義文理之所以養情也。

故人苟生之爲見，若者必死。苟利之爲見，若者必害。苟怠惰偷儒之爲安，若者必危。苟情說之爲樂，若者必滅。故人一之於禮義，則兩得之矣。一之於情性，則兩喪之矣。故儒者將使人兩得之者也，墨者將使人兩喪之者也，是儒墨之分也。」又云：「禮有三本：天地者，生之本也。先祖者，類之本也。君師者，治之本也。無天地惡生？無先祖惡出。無君師惡治？三者偏亡焉，無安人。故禮，上事天，下事地，尊先祖而隆君師，是禮之三本也。」然則荀子以爲「禮」原起於制約人之「欲」「求」，「使欲必不窮乎物，物必不屈於欲，兩者相持而長，是禮之所起也。」從而言禮之用，禮之本。竊以爲與其謂「禮」原起於制約人之「欲」「求」，毋寧謂「禮」起於事天地，奉鬼神。蓋人類文化之發展，自洪荒而文明，由求生存而講究生活之品質，無一日不戮力奮鬪，其奮鬪順應之對象，由天地自然，而毒蛇猛獸，乃至於敵對之同類。由是觀之，先民在洪荒時期，於所未知之天地鬼神，滋生畏懼迷惑之心。荀子天論篇云：「星隊木鳴，國人皆恐，曰：是何也？」從而因畏生敬，認爲天地乃萬有之主宰，鬼神爲必然存在，因設原始禮文，以爲單向溝通之道，用資保安祈福。

考諸初文，「禮」字甲文作「豊」（見殷虛書契・後編）王國維先生云：「从玨在凵中，从豆，乃會意字，……盛玉以奉神人之器謂之豊，若豐，推之而奉神人之酒醴，又推之而奉神人之事通謂之禮，其初皆用豊、若豐二字。」（見觀堂集林）。石文「禮」與小篆略同，作「禮」（見詛楚文）。小篆「禮」字作「禮」，說文解字云：「履也。所以事神致福也。从示、从豊，豊亦聲。𥘯古文禮。」段玉裁注云：「禮有五經，莫重於祭，故禮字从示。豊者，行禮之器。」然則，禮之起，當以奉天事神以致福，蓋不誤也。

至於，群居部落逐漸發展，人事愈趨繁複，聖王代作，政治體制日漸形成，於是仰觀俯察天地之迹象條理，以爲天地自然皆能循序不紊，而令萬物生生不息，於是則之以訂定事天地，奉鬼神，洽人倫，安政教之節文。是政治學家所謂「君權神授」之時期。皋陶謨云：「天聰明，自我民聰明；天明畏，自我民明威。」太甲云：「皇天眷佑有商，俾嗣王克終厥德，實萬世無疆之休。」商頌五篇皆祭祀之詩。烈祖篇云：「嗟嗟烈祖，有秩斯祜，中錫無疆，及爾斯所。既載清酤，賚我思成，亦有和羹，既戒既平，融假無言，時靡有爭，綏我眉壽，黃　無疆。約軧錯衡，八鸞鶬鶬，以假以享，我受命溥將，自天降康，豐年穰穰，來假來享，降福無疆。顧予烝嘗，湯孫之將。」商書亦多言祭祀鬼神之事。盤庚上云：「茲予大享于先王，爾祖其從與享之，作福作災，予亦不敢動用非德。」說命云：「黷于祭祀，時謂弗欽，禮煩則亂，事神則難。」高宗肜日云：「王司敬民，罔非天胤，典祀無豐于昵。」故禮記表記云：「殷人尊神，率民以事神，先鬼而後禮。」孔子曰：「夫禮，先王以承天之道，以治人之情，故失之者死，得之者生。……是故，夫禮必本於天，殽於地，列於鬼神，達於喪祭、射、御、冠、普、朝、聘。故聖人以禮示之，故天下國家可得而正也。」（見禮記禮運）鄭玄注云：「聖人則天之明，因地之利，取法度於鬼神，以制禮下敎會也。旣又祀之，盡其敬也，敎民嚴上也。」禮記坊記云：「禮者，因人之情而爲之節文，以爲民坊者也。」然則，禮文之制，乃所謂順乎天理，應乎人情，原於事天地，而成於法天地者也。

　至於先王訂「禮」之精神可約爲三端：荀子大略篇云：「禮者，人之所履也。」又云：「禮者，人當履之。」白虎通性情篇云：「禮者，履也；履道成文也。」意謂「禮」之首要在實踐履行，此其一也。再者，禮之儀文必須合理。禮記仲尼燕居子曰：「禮也者，理也。君子無理不動。」荀子樂論篇云：「禮也者，理之不可易者也。」是謂禮所踐履者，乃不可變易之理。此理本諸自然，彈於六合，散則萬殊，合則一貫也。其三，謂體乎人情也。禮記問喪云：「禮義之經也，非從天降也，非從地出也，人情而已矣。」

淮南子齊俗訓云：「禮者，體也。」又云：「禮者，體情制文者也。」孔穎達禮記正義序云：「夫禮者，經天緯地，本之則太乙之初；原始要終，體之乃人情之欲。」程頤性理會通：「禮之本，出於民之情，聖人因而導之耳。」禮記禮運云：「飲食男女，人之大欲存焉；死亡貧苦，人之大惡存焉。故欲惡者，心之大端也。人藏其心，不可測度也。美惡皆在其心，不見其色也。欲一此窮之，舍禮何哉？」又云：「故聖人之所以治人七情，舍禮何以治之？」意謂禮既以體乎人情而生，是以窮探人情，治理人情，皆不得不由禮也。總之，禮文之精神在「宜乎履行」，「合乎道理」，「體乎人情」。

乃若執禮之原則，禮記禮器云：「禮，時爲大，順次之，體次之，宜次之，稱次之。」意卽執禮當「隨時」、「達順」、「備體」、「從宜」、「合稱」。禮記樂記云：「五帝殊時，不相沿樂；三王異世，不相襲禮。」是知「禮」非一成不變者，宋書禮志序：「夫有國有家者，禮儀之用尚矣。然而歷代損益，每有不同，非務相改，隨時之宜故也。」禮記禮運云：「故事大積焉而不苑，並行而不繆，細行而不失，深而通，茂而有間，連而不相及也，動而不相害也，此順之至也。」謂禮之制，在使人皆知順於其職，事皆順於其序。其次，當求「備體」。禮記禮器云：「禮也者，猶體也。體不備，君子謂之不成人。設之不當，猶不備也。禮有大，有小；有顯，有微，大者不可損，小者不可益，顯者不可拍，微者不可大也。」此備體之要義。再次，就「從宜」、「合稱」之原則而言，禮記禮器云：「禮也者，合於天時，設於地財，順於思神，合於人心，理萬物者也。是天時有生也，地理有宜也，人官有能也，物曲有利也。故天不生地不養，君子不以爲禮，鬼神弗饗也。居山以魚鼈爲禮，居澤以鹿豕爲禮，君子謂之不知禮。故必舉其定國之數，以爲禮之大經，禮之大倫，以地廣狹，禮之厚薄，與年之上下。是故年雖大殺，衆不匡懼，則上之制禮也節矣。」是則，執禮當顧及天時、地利、人力、諸條件，而各從其宜，禮記曲禮云：「禮從宜。」又云：「貧者不以貨財爲禮，老者不以筋力爲禮。」是也。禮記禮器云：「諸侯以龜爲寶，以圭爲瑞，家不寶龜，不藏圭；不臺門，言有稱也。」言禮當「合稱」。然則「隨時」、「達順」、「備體」、「從宜」、「合稱」五者，爲執禮之五原則，而此五者又所以制「中」者也。子曰：「禮乎禮！夫禮所以制中也。」（見禮記仲尼燕居）子思亦云：「先王之制禮也，過之者俯而就之，不至焉者跂而及之。」（見禮記檀弓）是也。

禮記哀公問：哀公問於孔子曰：「大禮何如？君子之言禮，何其尊也！」孔子曰：

「丘也小人，不足以知禮。」君曰：「否！吾子言之也。」孔子曰：「丘聞之，民之所由生，禮爲大？非禮無以節事天地之神也；非禮無以辨君臣、上下、長幼之位也；非禮無以別男女、父子、兄弟之親，昏姻疏數之交也。君子以此之爲尊敬然，然後以其所能敎百姓，不廢其會節，有成事，然後治其雕鏤文章黼黻以嗣。其順之，然後言其喪筭，備其鼎俎，設其豕腊，脩其宗廟，歲時以敬，祭祀以序。宗廟即安，其居節醜其衣服，卑其宮室，車不雕幾，器不刻鏤，食不貳味，以與民同利。昔之君子之行禮者如此。」又禮運云：「禮義以爲紀，以正君臣，以篤父子，以睦兄弟，以和夫婦，以設制度，以立田里，以賢勇知，以功爲己，故謀用是作，而兵由此起。禹、湯、文、武、成王、周公，由此其選也。此六君子者，未有不謹於禮者也。」曲禮云：「道德仁義，非禮不成；敎訓正俗，非禮不備；分爭辯訟，非禮不決；父子兄弟，非禮不定；宦學事師，非禮不親；班朝治軍，涖官行法，非禮威嚴不行；禱祠祭法，供給鬼神，非禮不誠不莊。是以君子恭敬撙節，退讓以明禮。」又祭義云：「天下之禮，致反始也，致鬼神也，致利用也，致義也，致讓也。致反始以厚其本也。致鬼神以尊上也。致物用以立民紀也。致義則上下不悖逆矣。致讓以去爭也。合此五者，以治天下之禮也，雖有奇邪而不治者，則微矣。」是則禮之爲用大矣。

第三章　禮記之成書及其價值

禮記一書之由來諸說紛紜。然最早言及禮記之由來殆始於史記孔子世家。太史公云：「孔子之時，周室微而禮樂廢，詩、書缺。追迹三代之禮，序書傳，上紀唐、虞之際，下至秦繆，編次其事。曰：『夏禮，吾能言之，杞不足徵也。殷禮，吾能言之，宋不足徵也。足則吾能徵之矣。』觀殷、夏所損益，曰：『後雖百世可知也。』以一文一質，周監二代，郁郁乎文哉！『吾從周。』故書傳，禮記自孔氏。」而皮錫瑞三禮通論云：「三禮之名，起於漢末；漢初但曰禮而已。漢所謂禮，即今十七篇之儀禮，專指經言，則曰禮經；合記而言，則曰禮記。其後禮記之名，爲四十九篇之記所奪，乃以十七篇之禮經別稱儀禮，又以周官經爲周禮，合稱三禮。」然則，司馬遷所稱之「禮記」，蓋古者記禮之書之泛稱，非吾人所指今之禮記。唯孔子論禮之言乃今之禮記所自來者，當不誤也。韓非子顯學篇云：「自孔子之死也，有子張之儒，有子思之儒，有顏氏之儒，有孟氏之儒，有漆雕氏之儒，有仲良氏之儒，有孫氏之儒，有樂正氏之儒。」其中、除孟、孫二氏有專書傳世外，其餘諸儒之言論思想散見於禮記一書，賴以留存。吾師高仲華先生考之詳矣，高師云：「荀子非十二子篇裏指斥子張氏、子夏氏、子游氏的賤儒；這三家的思想，除在論語裏可以見到一些蹤跡外，在禮記裏可就保存得多了。檀弓上下二篇雜記喪禮的事，其中就有許多條是與這三家有關的；另有許多條是與曾子有關的；最值得注意的，有一條與仲梁子有關，仲梁子就是仲良氏（用顧廣圻說），詩鄘風定之方中毛傳也引仲梁子的話，漢書古今人表裏列有仲梁子，與齊襄王同時，在檀弓裏所稱引的人物以仲梁子爲最後，且尊稱爲『子』，可能檀弓這一篇就是仲梁子一派的人記錄的。曾子問一篇，當然是曾子一派的記錄。禮運、禮器、郊特牲三篇相承，其文字的錯雜很相似，大約是出於一人之手；這三篇的開頭，記載孔子和子游討論『大同』、『小康』的問題，是儒家最遠大、最成熟的思想，可能就是子游一流儒者的傑作。樂記一篇，記載子夏和魏文侯的問答，子贛（卽子貢）和師乙的問答：魏文侯師事子夏在後，這一篇很可能是子夏一派的作品，隋書音樂志以爲出於公孫尼子。雜記上下篇，引有孔子、子游、子貢、縣子、孟獻子、曾子和曾申等人的話，引曾子的話比較多，曾子在孔子弟子裏年紀最小，而曾中又是他的兒子，班輩最低，這一篇可能是曾子一派的作品。祭義一篇，不僅載有曾子的話，並且載有曾子弟子樂正子春和樂正子春門弟子的話，這一篇記於樂正氏後學的可能性最大。哀公問、仲尼燕居、孔子閒居三篇相承，文體也相似，大約也是一家的書；哀公問記孔子答魯哀公問禮的話，仲尼燕居記孔子答子張、子貢、子游問禮的話，孔子閒居記孔子答子夏問詩的話，其中子張、子貢、子夏皆稱其字，而稱其姓，惟子游稱為言游，可能這三篇都出於子游的記錄，所以自稱其姓與字，以別於其他諸子。坊記、中庸、表記、緇衣四篇相承，沈約以為皆取自子思子（見禮記正義坊記篇題下），陸德明以為緇衣是公孫尼子所制（見經典釋文）。冠義、昏義、鄉飲酒義、射義、燕義、聘義六篇相承，文字性質類似，當是出於一人或一派的手筆；其中鄉飲酒義記載孔子的話，射義記載孔子射於矍相之圃的事，聘義記載孔子與子貢的問答，這必是七十二子或其後學中人所記，只是我們不能指出是誰罷了。月令一篇，沈約說是取自呂氏春秋（見禮記正義坊記篇題下），當係本於鄭玄，鄭玄的三禮目錄就說這篇是本於呂氏春秋十二月紀的首章（見禮記正義月令篇題下引）。如果鄭說屬實，則這篇是周末秦國的儒者所作；但逸周書裏有月令、時訓兩篇，現在逸周書的月令篇雖已亡佚，而時訓篇所載節候與這篇相同，可能周末秦國的儒者也是摭拾舊作而成，並不是他們獨出心裁的創作。王制一篇，盧植說是漢文帝令博士諸生作（見禮記正義王制篇題下引），而鄭玄則說作於秦、漢之際，盧說已爲清儒王鳴盛等所駁，鄭說較爲可信；至於清末今文學家以爲王制是孔子改制之作，則是絕不可信的。孟子、荀子雖然各自成書，但在禮記裏孟荀一脈相承的文字很多。卽如：大學一篇的思想，和孟子所說的『天下之本在國，國之本在家，家之本在身』（見孟子離婁篇），『君子之守，修其身而天下平』（見孟子盡心篇）完全相合。中庸一篇的思想，和孟子所說的『盡其心者，知其性也；知其性，則知天矣』（見孟子盡心篇），『居下位而不獲於上，民不可得而治也；獲於上有道而不信於友，弗獲於上矣；信於友有道，事親弗悅，弗信於友矣；悅親有道，反身不誠，不悅於親矣；誠身有道，不明乎善，不誠其身矣；是故，誠者，天之道也，思誠者，人之道也；至誠而不動者，未之有也，不誠未有能動者也』（見孟子離婁篇），又完全相合。可見大學中庸兩篇實在是和孟子一脈相承的作品。三年問一篇的文字，和荀子禮論裏的一段幾乎完全相同。儒行一篇記魯哀公和孔子的問對，和荀子哀公篇裏幾段文章，機杼相同，關係極爲密切；而强調儒行的高卓，顯然又與荀子儒效篇作用相同。學記一篇，與荀子勸學篇有相輔相成之妙。樂記一篇，與荀子樂論又是脈絡貫通的。舉此數例，可知禮記裏又有許多文章是與孟子、荀子有關係的儒者作者，其創作的時間也必與孟子、荀子相去不遠。現在孔子以後七十二弟子及其後學，和秦、漢之際儒者的著作，大都亡佚。幸而還有這部禮記，使我們對那些儒者的思想和成就，推尋到一些蹤迹；使我們對由孔子建立儒家思想到漢初定儒家爲一尊，這中間的過程，能夠有較詳盡的認識。」（見禮學新探）。然則，禮記一書當是孔子之後，齊、魯儒者言禮之彙編。

漢書藝文志禮家載「記百三十一篇」，注云：「七十子後學者所記也。」魏張揖上廣雅表則云：「周公著爾雅一篇。爰暨帝劉，魯人叔孫通撰置禮記，文不違古。」然則，依張稚讓之說，則將周、秦儒者論禮文字會輯成篇，名曰禮記，漢初叔孫通屬第一人。清儒陳壽祺大小戴禮記考云：「通撰輯禮記，此其顯證。稚讓之言，必有所據。……通本秦博士，親見古籍，嘗作漢儀十二篇及漢禮器制度。而禮記乃先秦舊書，聖人及七十子微言大義，賴通以不墜，功亞河間。」（見左海經辨）皮錫瑞論禮記始撰於叔孫通云：「禮記爲叔孫通所撰說，始見於張揖，揖以前無此說，近始發明於陳壽祺，壽祺以前亦無此說。壽祺引臧庸說，以證禮記中有爾雅，尤爲精確。」（見三禮通論）

鄭玄六藝論云：「今禮記行於世者，戴德、戴聖之學也。德傳記八十五篇，則大戴禮是也。戴聖傳禮四十九篇，則此禮記是也。」是則，禮記原非止於一種傳本，至於漢末則以大、小戴禮分行於世。然其所稱篇數均與漢志所載百三十一篇相左，鄭玄未曾表明，三者是否相關，誠難以臆斷。且陸德明經典釋文引劉向別錄有「古文記二百四篇」，則其說益加紛紜。陳壽祺云：「二戴所傳記，漢志不別出，以其具於百三十一篇記中也。樂記正義引別錄，有禮記四十九篇，此卽小戴所傳。則大戴之八十五篇亦必存其目。蓋別錄兼載諸家之本，視漢志爲詳矣。」又云：「藝文志依亡略著錄記百三十一篇，蓋河間獻王所得者，故六藝論兼舉之。百三十一篇之記，合明堂陰陽三十三篇、王史氏二十一篇、樂記二十三篇、孔子三朝記七篇，凡二百十五篇，並見藝文志；而別錄言二百四篇，未知所除何篇。疑樂記二十三篇，其十一篇已具百三十一篇記中，除之，故爲二百四篇。孔子三朝記亦重出，不除者，篇名不同故也。」（見左海經辨）似屬揣測之論。至於經典釋文敍錄引晉、陳邵周禮論序云：「戴德刪古禮二百四篇爲八十五篇，謂之大戴禮。戴聖刪大戴禮爲四十九篇，是爲小戴禮。後漢馬融、盧植考諸家同異，附戴聖篇章，去其繁重及所敍略，而今行於世，卽今之禮記是也。鄭玄亦依盧、馬之本而注焉。」

隋書經籍志又云：「漢初，河間獻王又得仲尼弟子及後學者所記一百三十一篇獻之，時亦無傳之者。至劉向考校經籍，檢得一百三十篇，向因第而敍之。而又得明堂、陰陽三十三篇、孔子三朝記七篇、王氏史氏記二十一篇、樂記二十三篇，凡五種，合二百十四篇。戴德刪其煩重，合而記之，爲八十五篇，謂之大戴記。而戴聖又刪大戴之書爲四十六篇，謂之小戴記。漢末馬融遂傳小戴之學。融又增入月令一篇、明堂位一篇、樂記一篇，合四十九篇。而鄭玄受業於馬融，又爲之注。」均屬附會之說。吾師高仲華先生駁之甚詳：「我們如果把隋書經籍志仔細地研究一下，便會發現它有許多的錯誤；第一，記百三十一篇，是明明載在漢書藝文志上的。漢書藝文志是根據劉向父子的別錄和七略寫的，假使劉向考校經籍，眞的檢得一百三十篇，班固決沒有理由隨便加一篇上去的。第二，漢書藝文志著錄王史氏二十篇。廣韻說：『王史，複姓。』隋書經籍志說是王氏史氏記，也顯然是錯誤的。第三，大小戴是宣帝時人，豈能刪哀帝時人劉向所校定的書？第四，說劉向檢得記一百三十篇，又得明堂陰陽、孔子三朝記、王氏史氏記（？）、樂記，合爲二百十四篇，又與經典釋文引劉向別錄古文記二百四篇的數目不合？第五，說小戴禮記刪自大戴禮記，顯然是沿襲陳邵的錯誤。現在大小戴禮記的篇目具在，我們如果拿來比較，便會發現兩書中雖有相同的篇目，而究以不同的爲多。如哀公問、投壺兩篇，現尚並存在兩書裡；小戴記有曲禮、禮器等篇，也見於大戴記逸篇的篇目裡；大戴記的曾子大考全文，見於小戴記的祭義裏，諸侯釁廟全文，見於小戴記的雜記裏；朝事一部分，見於小戴記的聘義裏；本命一部分，見於小戴記的喪服四制裏，其餘小戴記的篇目便都是大戴記裏所沒有的，由此可知小戴記絕對不是以大戴記爲底本刪定而成的，大小戴兩人是就前人論禮的文章中各以己意去取的。第六，說小戴記僅有四十六篇，月令、明堂位和樂記三篇是馬融加進去的，這也是不正確的。後漢書橋玄傳說：『七世祖仁，著禮記章句四十九篇。』橋仁是小戴的弟子（見漢書儒林傳），他所傳的禮記明明是四十九篇。後漢書曹褒傳又說：『父充，持慶氏禮，褒又傳禮記四十九篇，教授諸生。』可見西漢時與二戴同爲后倉弟子的慶普所傳的禮記也是四十九篇。孔穎達禮記正義樂記下說：『按別錄，禮記四十九篇。』月令、明堂位下引鄭玄三禮目錄說：『此於別錄屬明堂陰陽。』則對向所校的本子也是四十九篇，這三篇本來就在禮記裏面，並不是馬融後來加進去的，那是很明顯的。他如說記一百三十一篇是河間獻王所獻，這也是揣測的話，並沒有確實的根據。」（見禮學新探）。

至於唐人徐堅於初學記所云：「禮記者，本孔子門徒共撰所聞也。後通儒各有損益，子思乃作中庸，公孫尼子作緇衣，漢文時博士作王制，其餘衆篇皆如此例。至漢宣帝也，東海后倉善說禮，於曲臺殿撰禮一百八十篇，號曰后氏曲臺記。后蒼傳於梁國戴德及德從子聖，乃刪后氏記爲八十五篇，名爲大戴禮；聖又刪大戴禮爲四十六篇，名曰小戴禮其後諸儒又加月令、明堂位、樂記三篇，凡四十九篇，則今之禮記也。」（見初學記卷二十一）徐元固所云固稍客觀，大小二戴均從后蒼學禮，二者於輯禮、固不免部分取材於后氏曲臺記，但若謂大小戴禮刪自后氏記則失之武斷。蓋漢書儒林傳雖云：「倉說禮數萬言，號曰后氏曲臺記，授沛聞人通漢子方、梁、戴德、延君、戴聖、次君、沛慶普孝公。」而漢書藝文志著錄曲臺后倉僅止九篇。徐元固所云：「於曲臺殿撰禮一百八十篇，號曰后氏曲臺記。」篇數懸殊，不知何據。再者，元固所云：「其後諸儒又加月令、明堂位、樂記三篇。」顯然承襲隋書經籍志之誤矣。考之「月令」之名，於西漢齊學鼎盛時期，始見於魏相奏書。但魏氏奏書提及之文句，則見於今本淮南子天文訓，而反不爲禮記月令所載；蓋爲禮記月令所刪落或漏佚者也。禮記月令同於呂氏春秋十二月紀，又同於淮南子之時則訓。然而時則訓所兼記者又不僅「月令」一種，且又附述有「時令」之文。

「播五行於四時」之記載而散見於各書者，其天文部份與司馬遷之天官書同。天官書多取材於甘德石申之星經，蓋沿先秦之天文學識。至於人事部份，又同於管子幼官圖之所列。且其用意，不僅與周書洪範之五行八政，呼吸相通；而天地四時，六官之分配，又與周官暗合，一如大戴禮千乘天圓所演說者。其四時四方之「帝」與「神」，與後世緯書相通，本非異事，但與山海經記載亦同，則不無可說者也。至於零章斷句，見引於賈誼著書及司馬相如文賦，亦往往而有。凡此，皆在魏相奏書之前，可謂「月令」之文行世久矣。但魏相雖嘗欲推行「月令」，而「月令」與「明堂」關係密切，欲拘束天子於明堂以行月令，似非當時帝王所能堪，故在宣、成之世，「月令」之傳之反不若洪範五行傳之流行，班史獨志「五行」而不志「月令」，是其明證。降至東漢，齊、魯之學已混爲一，故傳魯詩之學者魯恭最擅月令之辭，而景鸞月令章句乃與禮記並行，或者其時「月令」猶爲單篇獨傳之書。明、章以下，以讀漢志所紀者觀之，「月令」一部份記載，已列爲正式禮儀，其全篇則輯入於小戴禮記。東漢之末，鄭玄注此月令既謂其爲禮家好事者抄合呂氏春秋十二月紀而爲，然其注語又常引「今月令」與「王居明堂禮」二篇文字與此互勘；可知鄭玄之時已有三種「月令」行世，但因鄭注禮記獨行而他篇頗廢。以今稽之，秦、漢僅有月令之傳抄本或改寫本，而原文實出於晚周，亦卽戰國時代。

總之，現行禮記，考其來源，可約爲二端：一爲周末迄於漢初，齊、魯學者流傳之作品，二爲漢、武、宣之際博士經師說禮之殘篇。其彙集過程，約始於章句衰微時代，自西漢元、成訖於東漢桓、靈，首尾二百餘年。其始簡策卽已不完，復經「更始之亂」及「光武播遷」，可信爲經帙錯亂最甚之一次。東漢以下，學風丕變，章句之學不講，故第二部份作品散佚尤多。所餘第一部份又經若干人手之改易增刪，其中並無定本。至鄭玄注本行世，始成今書。故現行禮記雖無一能保存原貌，但可視爲縣歷周、秦、漢五百餘年「孔門後學」禮說殘篇之一總滙。然而，吉光片羽皆足以考見周、秦、漢五百餘年間儒家思想演進之痕跡；且其思想體系又爲二千餘年來知識分子之思想重心，故較其他不純說禮之書，遂自有其不磨之價值矣。

第四章　禮記之天地觀

昊昊蒼天，無垠大地，高明博厚，無限神秘，無限奧妙。自有生民以來，即莫不懷以畏敬好奇之心。易乾象曰：「天行健，君子以自强不息。」先民之於天地，因畏而敬，由效法而依託，禮數法度於焉生矣。

儒家隆禮，禮記一書雖非一時一人之著，然該書爲周、秦及漢初儒家論禮之滙編。其所記載乃代表周、秦及漢初儒家之思潮，殆無庸置疑。而今傳禮記四十九篇中，言及天地者，百有餘處。吾人欲明先儒之天地觀，當可據此析究之。玆分別歸納，探析如后：

一、天地爲萬物之母：

○月令云：「是月也，天氣下降，地氣上騰。天地和同，草木萌動。」

按：鄭玄注云：「此陽氣蒸達，可耕之候也。農書曰：土長冒橛，陳根可拔，耕者急發。」孔穎達疏云：「此論少陽之月，務其始生，故耕藉之後，當勸農事。天地之氣，謂之陰陽。一年之中，或升、或降。聖人作易，各分六爻，以象十二月，陽氣之升，從十一月爲始，正月三陽既上，成爲乾卦，乾體在下，坤體在上，故正月爲泰。乾爲天、坤爲地。天居地上，故云天氣下降，地氣上騰。」蓋天地和同者，是所謂天地交而爲泰也。天地交泰則草木通矣。仲冬諸生蕩，氣之始也。孟春草木萌動，形之始也。

○郊特牲云：「萬物本乎天，人本乎祖，此所以配上帝也。」又云：「天地合而后萬物興焉。」

按：易咸彖云：「天地感而萬物生。」孔穎達疏此亦云：「天氣下降，地氣上騰，天地合配，則萬物生焉。夫婦合配則子姓生焉。」張子厚西銘云：「乾稱父，坤稱母；予玆藐焉，乃渾然中處。故天地之塞吾其體；天地之帥，吾其性。民吾同胞，物吾與也。」朱熹云：「乾陽坤陰，此天地之氣，塞乎兩間，而人物之所資以爲體者也；故曰天地之塞，吾其體。乾健坤順，此天地之志，爲氣之帥，而人物所得以爲性者也，故曰天地之帥，吾其性。」又云：「惟人得形氣之正，是以其心最靈。而有以通乎性命之全體。於並生之中，又爲同類，而最貴焉，故曰同胞。則其視之也，如己之兄弟矣。物則得乎形氣之偏，而不能通乎性命之全，故與我不同類，而不若人之貴；然原其性之所自，是亦本之天地，而未嘗不同也，故曰吾與。則其親之也，亦如己之儕輩矣。」先儒以爲萬物皆稟受天地陰陽之氣以生，故以天地爲萬物之父母。易說卦傳：「乾，天也，故稱乎父；坤，地也，故稱乎母。」又易乾彖：「大哉乾元，萬物資始。」坤彖：「至哉坤元，萬物資生。」蓋天無不覆，地無不載，無聲無臭，而實造化之樞紐，品彙之根柢，此天地之實理，而爲生人之本也。理一而已，動而爲陽，陽變交陰，靜而生陰，陰合交陽，此實理之流行，而爲生人之機也。天地之生人物，皆予之理以成性，皆賦之氣以成形。然以理而言，則其所得於天者，人與物未嘗有異，以氣而言，則惟人獨得其秀，此其所以爲萬物之靈，而能全其性也。荀子天論篇云：「萬物各得其和以生，各得其養以成，不見其事，而見其功，夫是之謂神。皆知其所以成，莫之其無形，夫是之謂天。」是也。

○樂記云：「是故，大人舉禮樂，則天地將爲昭焉。天地訢合，陰陽相得，煦嫗覆育萬物，然後草木茂，區萌達，羽翼奮，角觸生，蟄蟲昭蘇，羽者嫗伏，毛者孕鬻，胎生者不殖，而卵生者不殖，則樂之道歸焉耳。」

按：孔穎達疏云：「天地訢合，言二氣蒸動，天氣下降，地氣上升也。言體謂之天地，言氣謂之陰陽，天地動作，則是陰陽相得也。天以氣煦之，地以形嫗之，天煦覆而地嫗育也，草木據以成體，故云茂，區萌據其新生，故云達。羽翼奮者，謂飛鳥之屬，皆得奮動也。角觸生者，謂走獸之屬，悉皆生養也。蟄蟲昭蘇者，言蟄伏之蟲皆得昭曉蘇息也。羽者嫗伏，謂飛鳥之屬皆得體伏而生子也。毛者孕鬻，謂走獸之屬，以氣孕鬻而繁息也。胎生者不殰，謂不殰敗也，卵生者不殈；言不殈裂也。所以致此諸物，各順其性，由樂道使然，故云樂之道歸焉耳。」

○哀公問云：「孔子曰：『天地不合，萬物不生。』」

按：鄭玄注云：「夫婦配天地，有日月之象焉。禮器曰：君在阼，夫人在房。大明生於東，月生於西，此陰陽之分，夫婦之位也。」

○中庸云：「唯天下至誠，爲能盡其性，能盡其性，則能盡人之性，能盡人之性，則能盡物之性，能盡物之性，則可以贊天地之化育，可以贊天地之化育，則可以與天地參矣。」

按：朱熹章句云：「天下至誠，謂聖人之德之實，天下莫能加也。盡其性者，德無不實，故無人欲之私而天命之在我者，察之由之，巨細精粗無毫髮之不盡也。人物之性亦我之性，但以所賦形氣不同而有異耳。能盡之者，謂知之無不明而處之無不當也。贊猶助也。與天地參，謂與天地並立爲三也。」此章明謂天地主化育萬物，唯聖人以至誠能盡性而推恩故能參贊之也。

○中庸云：「天地之道，可一言而盡也。其爲物不貳，則其生物不測。」

按：朱熹章句云：「天地之道可一言而盡，不過曰誠而已。不貳所以誠也。誠故不息，而生物之多，有莫知其所以然者。」

○中庸云：「仲尼祖述堯、舜，憲章文、武。上律天時，下襲水土。辟如天地之無不持載，無不覆幬，辟如四時之錯行，如日月之代明。萬物並育而不相悖。小德川流，大德敦化，此天地之所以爲大也。」

按：朱熹章句云：「天覆地載，萬物並育於其間，而不相害，四時日月代明而不相悖，所以不害不悖者，小德之川流；所以並育並行者，大德之敦化。」此既云天地之無不持載，無不覆幬，以明天地之德，大公無私。且云萬物並育天地之間而不相害者，所以明天地之功，能化育萬物令萬物生生而不息也。

綜前之言，先儒以「天地爲萬物之母」立論，首在明乎「天人關係」。天地既爲萬物母，則人乃天之所生，地之所養，明矣。如此者，卽如張子厚西銘所謂「天地之塞，吾其體；天地之帥，吾其性。」而天地有好生之德，是以人有不忍人之心。如此，則「天命之謂性」與「人性本善」之說以立。「天命之謂性」與「人性本善」之說以立，則「率性」「明明德」「盡性」之論以成矣。

再者，天地爲萬物之母，則「人」與「物」卽爲同類，「人」與「物」爲同類，從而「民吾同胞，物吾與也」推恩之襟懷以成。以是用勉吾人當體天道，秉天地大公至誠之心，以盡其性，盡人之性，從而盡物之性。以參贊天地化育之功，以與天地參合，使臻於「天人合一」之境界，如此，則人之精神生命得以似天地一般之永恆矣。且此「天地爲萬物之母」之理念，亦以明天地訢合，則陰陽交泰，陰陽交泰而后萬物始興之理也。

二、天地爲道之本：

○禮運云：「故聖人作則，必以天地爲本，以陰陽爲端，以四時爲柄，以日星爲紀，月以爲量，鬼神以爲徒，五行以爲質，禮義以爲器，人情以爲田，四靈以爲畜。以天地爲本，故物可擧也。以陰陽爲端，故情可睹也。以四時爲柄，故事可勸也。以日星爲紀，故事可列也。月以爲量，故功有藝也。鬼神以爲徒，故事有守也。五行以爲質，故事可復也。禮義以爲器，故事行有考也。人情以爲田，故人以爲奧也。四靈以爲畜，故飲食有由也。」

按：聖人之所效法，莫非天地之道也。故道之大原出於天地。孫紹周集解云：「仁育萬物，法陽之溫，義正萬民，法陰之肅，聖人之政治，以二者爲端首也。柄者，工之所執也，以四時爲柄者，四時有生長收藏，聖人執而用之，以爲作訛成易之序也，以日星爲紀者，歲有四時，而日星運行乎其間，若網之有綱而又有紀，聖人因之以爲紀，若日在北陸，而藏冰西陸，朝覿而出之，龍見畢務，水昏正而栽之類，是也，月以爲量者，十二月各有分限，聖人因之以爲量，孟春則有孟春之令，仲春則有仲春之令也。鬼神以爲徒者，明則有禮樂，幽則有鬼神，聖人之功用與天地之功用，並行迭運，若相爲徒侶然也。五行以爲質者，制度出於五行，聖人凡有興作，必以此爲質幹，而因而裁制之也。禮義以爲器者，聖人用禮義，治人情，猶農夫用耒耜之器以耕田也。四靈以爲畜者，四靈並至，聖人養之，若養六畜然也。」又萬物皆天地之所生，故道本天地，則萬物可舉也。

○中庸云：「天命之謂性，率性之謂道，修道之謂教。」

按：朱熹章句云：「命猶令也。性卽理也。天以陰陽五行化生萬物，氣以成形，而理亦賦焉，猶命令也。於是人物之生，因各得其所賦之理，以爲健順五常之德所謂性也。率，循也。道猶路也。人物各循其性之自然，則其日用事物之間莫不各有當行之路，是則所謂道也。修，品節之也。性道雖同而氣稟或異，故不能無過不及之差。聖人因人物之所當行者，而品節之以爲法於天下，則謂之教，若禮樂刑政之屬是也。蓋人知己之有性，而不知其出於天，知事之有道，而不知其由於性，知聖人之有教，而不知其因吾之所固有者裁之也。故子思於此首發明之，而董子所謂道之道，大原出於天，亦此意也。」蓋天命旣謂之性，率性爲道。然則，道之原於天地明矣。

○中庸云：「故君子之道，本諸身，徵諸庶民，考諸三王而不繆，建諸天地而不悖，

　　質諸鬼神而無疑，百世以俟聖人而不惑。」

按：鄭玄注云：「知天知人，謂知其道也。鬼神從天地者也。易曰：故知鬼神之情狀與天地相似，聖人則之，百世同道。」孔穎達疏云：「建諸天地而不悖者。悖，逆也。言己所行道，建達於天地而不有悖逆，謂與天地合也。」朱熹章句云：「本諸身，有其德也。徵諸庶民，驗其所信從也。建，立也。立於此而參於彼也。天地者，道也。鬼神者，造化之迹也。」是矣。

此論「道」本於天地，誠異於老子所云：「有物混成，先天地生，寂兮寥兮，獨立而不改，周行而不殆，可以爲天下母。吾不知其名，字之曰道。」。蓋先儒以爲「天行有常，不爲堯存，不爲桀亡。」其至誠大公之心，即爲「道」之所在，且四時之運行，日夜之更替，有其常道，有其常數，井然不亂，此君子所當造次而體守者也。故曰：「聖人作則，必以天地爲本。」荀子天論篇云：「天有常道矣，地有常數矣，君子有常體矣。」儒家之道顯欲落實於可體可現、至誠無私、有條不紊之理上也。

三、天地爲禮樂之原：

○禮運云：「孔子曰：『夫禮，先王以承天之道，以治人之情，故失之者死，得之者生。』……是故，夫禮必本於天，殽於地，列於鬼神，達於喪祭，射御，冠昏，朝聘。」

按：承天之道者，本其自然之序，禮之體所以立也。鄭玄注云：「聖人則天之明，因地之利，取法度於鬼神以制禮，下教令也。」孔穎達疏云：「聖人制禮必則於天，禮從天出，故云：必本於天，又殽於地。殽，效也。言聖人制禮又效於地。天遠，故言本；地近，故言效。孫紹周集解引應氏鏞曰：「禮之大原出於天，故推其所自出而本之，效法之謂地，故因其成法而效之，列於鬼神，充塞乾坤，昭布森列而不可遺，達於喪祭、射御、冠昏、朝聘，人道交際，周流上下而無不通。法於天地鬼神者，所以承天之道；達於天下國家者，所以治人之情。」

○禮運云：「是故，夫禮必本於大一，分而爲天地，轉而爲陰陽，變而爲四時，列而爲鬼神，其降曰命，其官於天也。夫禮必本於天，動而之地，列而之事，變而從時，協於分藝。其居於人也曰養，其行之以貨力，辭讓、飲食，冠昏，喪祭，射御，朝聘。」

按：孔穎達疏云：「必本於大一者，謂天地之未分，混沌之元氣也。禮理既與大一而齊，故制禮者，用至善之大理以爲本，是本於大一也。分而爲天地者，混沌元氣，既分輕清爲天在上，重濁爲地在下，而制禮者法之以立尊卑之位也。……夫禮必本於天，謂本於大一與上天也，謂行至誠大道，是本大一；效天降命，是本於天也。」孫紹周集解云：「大者，極至之名。一者，不貳之意。大一者，上天之載，純一不貳，而爲理之至極也，分而爲天地，而乾坤之位以定，轉而爲陰陽，而動靜之氣以行，變而爲四時而春夏秋冬，錯行不悖，列而爲鬼神，而屈伸變化，體物不遺。降，猶降衷之降，其降曰命者，言天理之流行而賦於物者，則謂之命，所謂天命之謂性也。官，主也。其官於天者，言此所降之命，莫非天之所主，所謂道之大原出於天也。此一節，以天理之本然者言之，所謂天高地下，萬物散殊，而禮制行焉者也。」

○禮器云：「禮也者，合於天時，投於地財，順於鬼神，合於人心，理萬物者也。是故天時有生也，地理有宜也，人官有能也，物曲有利也。」

按：孔穎達疏云：「君子行禮，必仰合天時，俯會地理，中趣人事。」孫紹周集解引方愨云：「以陽生於子，故祀天於冬之日至，以陰生於午，故祭地於夏之日至，以歆養陽氣，故饗禘於春，以食養陰氣，故食嘗於秋，此禮所以合於天時者也。黍稷之馨，足以爲簠簋之實，水土之品，足以爲籩豆之薦，貨無常，以示遠物之致，幣無方，以別土地之宜，此禮所以設於地財者也。」蓋禮本乎天，而還以事天，出乎人，而還以治人，則是以天合天，以人合人也，故曰合。地則效法焉，故曰設，鬼神不可遺也，故曰順。萬物有成理也，故曰理。

○樂記云：「樂者，天地之和也。禮者，天地之序也。故百物皆化。序，故羣物皆別，樂由天作，禮以地制，過制則亂，過作則暴，明於天地，然後能興禮樂也。」

按：上言樂者天地之和，禮者天地之序。下又以樂專屬天，以禮專屬地者，蓋天地各有自然之和序，而樂之動而屬乎陽，禮之靜而屬乎陰，於天地又各有所專屬焉。猶之立天之道，曰陰與陽。立地之道曰柔與剛。分而言之，則陽與剛屬乎天，陰與柔屬乎地，雖若各爲一理，而實則相通。所以明禮樂之作，本於天地而達於民也。

○樂記云：「大樂與天地同和，大禮與天地同節，和故百物不失，節故祀天祭地，明則有禮樂，幽則有鬼神。如此，則四海之內，合敬同愛矣。」

按：天地有自然之和，而大樂與天地同其和，天地有自然之節，而大禮與天地同其節。禮樂者，聖人之功用，同和同節者也，鬼神體物而不遺，禮樂體事而無不在，二者一明一幽，同運並行，故能使四海之內，無不得其節而合於敬，無不得其和而同於愛也。鄭玄注云：「同和同節，言順天地之氣與其數，百物不失，不失其性，祀天祭地，成物有功報焉。禮樂教人者，鬼神助天地成物者也。」孔穎達疏云：「大禮與天地同節者，天地之形，各有高下大小爲限節，大禮辨尊卑貴賤，與天地相似，是大禮與天地同節也。」

○樂記云：「天高地下，萬物散殊，而禮制行矣。流而不息，合同而化，而樂興焉。春作夏長，仁也。秋斂冬藏，義也。仁近於樂，義近於禮。樂者敦和，率神而從天。禮者別宜，居鬼而從地。故聖人作樂以應天，制禮以配地，禮樂明備，天地官矣。」

按：朱子曰：「天高地下一段，意思極好，非孟子以下所能作，其文似中庸，必子思之辭。」天地定位，萬物錯陳，此天地自然之禮也。流而不息，而闔闢不窮，合同而化，而渾渾無間，此天地自然之樂也。蓋聖人法天地以制禮作樂，而禮樂又能爲功於天地。此聖人所以贊化育而上下同流者也。

○鄉飲酒義云：「鄉飲酒之義，立賓以象天，立主以象地，設介僎以象日月，立三賓以象三光。古之制禮也，經之以天地，紀之以日月，參之以三光，政教之本也。」

按：呂大臨傳云：「飲酒之禮，莫生於賓主，立賓象天，立主象地，禮之經也。介僎以輔之，輔之者紀也，三賓以陪之，陪之者參也。政教之立，必有經有紀有參，然後可行，故飲酒之禮，必有此三者，然後可以行也。」

○喪服四制云：「凡禮之大體，體天地，法四時，則陰陽，順人情，故謂之禮。訾之者，是不知禮之所由生也。」

按：鄭玄注云：「禮之言體也，故謂之禮，言本有法則而生也。」謂體天地者，言本天地以爲體，猶體物不遺之體，禮儀三百，威儀三千，莫非天理之所當然，此言凡禮由是四者而生，蓋五禮之所同也。實則陰陽四時，皆天地之用，而人情之至，亦莫非天理也。

儒家隆禮重樂，孟子曰：「動容周旋中禮者，盛德之至也。」又樂者，所以節禮也。然而，原始之禮又起於敬事天地鬼神，筆者於前（第二章）論之詳矣。蓋先民在洪荒時期，於所未知之天地鬼神，滋生畏懼迷惑之心。荀子天論篇云：「星隊木鳴，國人皆恐。曰：是何也？」從而因畏生敬，以爲天地乃萬有之主宰，鬼神爲必然存在，因設原始禮文，以爲單向溝通之道，用資保安祈福。至於群居部落逐漸發展，人事愈趨繁複，聖王代作，政治體制日漸形成，於是，仰觀俯察天地之迹象條理，用以訂定事天地，奉鬼神，洽人倫，安政敎之節文，是以禮立而樂生矣。故先儒以禮樂源於天地，誠屬的論。再者，天地有自然之條理與節度，和同交泰，以是四時之週行，日夜之更替，有條不紊，是以聖人因其敦和以作樂，效其別宜而制禮，故云禮樂源於天地也。

四、天地爲政敎之依歸：

○禮運云：「故政者，君之所以藏身也。是故，夫政必本於天，殽以降命，命降于社之謂殽地，降于祖廟之謂仁義，降於山川之謂興作，降於五祀之謂制度。此聖人所以藏身之固也。」

按：孔穎達疏云：「正義曰：此一節以上文云政之不正，則國亂君危。此則廣言政之大理，本於天地及宗廟山川五祀而來。所來既重，故君用之得藏身安固也。故政者，君子所以藏身也者，故因上起下之辭，人君身在於中，施身於外，人但見其政，不見其身，若政之美盛，則君身安靜，故云政者所以藏年也。鄭云：藏謂輝光於外，而形體不見，若日月星辰之神是也。是故夫政必本於天，是故謂藏身之固，其事既重，所施教令必本於天而來，天有運移，若星辰圍遶北極，氣有陰陽，若冬夏之有寒暑。殽，以降命者。殽，效也。言人君法，效天氣以降，下政教之命、效星辰運轉於北極爲昏媾姻亞，效天之陰陽寒暑爲刑獄賞罰，是殽以降命。命降於社之謂殽地者，上云政本於天，此論政降於地，上既云必本於天，殽以降命。此亦當云必本於地，殽以降命。但上文既具，故此略而變文，直云命降于社之謂殽地命者，政令之命，降下於社，謂從社而來，以降民也，社卽地也。指其神謂之社，指其形謂之地。法社以下教令。故云，謂地也。」蓋政者，禮而已矣。禮必本於天，殽於地，列於鬼神，鬼神體物而不遺，而祖廟之降格，山川之生物，五行之流播，則其性情功效之尤顯著也。孫紹周集解云：「自仁率親，自義率祖，故仁義出於祖廟，山川者，人之所取材，故興作於山川，五行者，見象於天爲五星，分位於地爲五方，行於四時爲五德，稟於人爲五常，播於音律爲五聲，發於文章爲五色，散於飲食爲五味，是天下之制度，莫不本之，故制度出於五祀。聖人之爲政，其所效法者如此，此所以政無不治，而所託其身者，安固而不可危也。」是明聖王爲政，當本於天而效於地也。

○禮運云：「故聖人參於天地，並於鬼神，以治政也。處其所存，禮之序也。玩其所樂，民之治也。故天生時而地生財，人其父生而師敎之。四者，君以正用之，故君者，立於無過之地也。」

按：孫詒周集解云：「參於天地，並於鬼神。猶中庸言建諸天地質諸鬼神之意。言聖人效法於天地鬼神而參擬之，比並之，以求其合也。……天地鬼神之道，且於吾身，是聖人之所存也。有以處之，而率履不越，則禮無不序矣。天地鬼神之道；見於政治，是聖人之所樂也。有以玩之，而鼓舞不倦，則民無不治矣。天生四時，地生貨財，父生師敎，四者各不相兼，兼是四者而使之各得其正者，，君之責也。故君必正身，立於無過之地，而與天地合其德，與鬼神合其吉凶，然後禮序而民治也。」

○禮器云：「天道至教，聖人至德，廟堂之上，罍尊在阼，犧尊在西，廟堂之下。縣鼓在西，應鼓在東。君在阼，夫人在房。大明生於東，月生於西，此陰陽之分，夫婦之位也。」

按：此明天垂日月以示人，以至極而爲之教，聖人則之以爲德，故君立於阼於象曰，夫人在西房以象月也。

○孔子閒居云：「天有四時，春、夏、秋、冬，風、雨、霜、露，無非教也，地載神氣，神氣風霆，風霆流形，庶物露生，無非教也。」

按：天以四時運於上、地以神氣應於下、播五行於四時也，乾資始，坤資生，故言品物露生，而究其功用之著焉。然天何言哉？四時行焉，百物生焉莫非天地無私之政教也。

先儒以天地爲政教之依歸。論語顏淵篇：季康子問政於孔子，孔子對曰：「政者，正也。子帥以正，孰敢不正？」蓋明政者也。天有常道，地有常數。天不爲人之惡寒也，輟冬。地不爲人之惡遼遠也，輟廣。是天地守正不阿之道也，故先儒以天地爲政治之依歸。且夫列星隨旋，日月遞炤，四時代御，陰陽大化，風雨博施，萬物各得其和以生，各得其養以成，不見其事，而見其功，是天地化育之神，亦爲政者所當法效以爲政治之極化者也。

再者，天無不覆，地無不載，四時錯行而不悖，萬物得以生生不息，正明天地行無言之敎，大公無私，無所不覆載，敎化周徧，卽所以爲敎化之極則也。

五、天地之德——誠信無私，博厚、高明、悠久，尊嚴仁義，靜壹而敦化：

○樂記云：「人生而靜、天之性也，感於物而動、性之欲也。物至知，知，然後好惡形焉，好惡無節於內、知誘於外、不能反躬、天理滅矣。」

按：張載西銘云：「天地之塞、吾其體；天地之帥、吾其性。」蓋人受天地之中以生、其未感也、純粹至善、萬理具焉、卽所謂性也，此秉自天地之靜壹也。

○孔子閒居云：「子夏曰：『三王之德、參於天地，敢問何如斯可謂參於天地矣？』孔子曰：『奉三無私以勞天下。』子夏曰：『敢問何謂三無私？』孔子曰：『天無私覆，地無私載，日月無私照。奉斯三者以勞天下，此之謂三無私。』」

按：此猶中庸所謂天地之無不持載，無不覆幬。所以昭天地之大公無私也。

○中庸云：「誠者、天之道也。」

按：朱熹章句云：「誠者、眞實無妄之謂，天理之本然也。……然天理眞實無妄，不思勉而從容中道，則亦天之道也。」劉熙釋名釋天篇云：「天、顯也。在上高顯也。」是明天之坦蕩無所隱也。詩周頌云：「維天之命，於穆不已。」中庸云：「蓋曰：天之所以爲天也。於乎丕顯。」

○中庸云：「天地之道，可一言而盡也。其爲物不貳，則其生物不測。天地之道，博也，厚也，高也，明也，悠也，久也。」

按：孔穎達疏云：「言至誠之德，所用皆宜無有止息，故能久遠、博厚、高明，以配天地也。……天地之道可一言而盡也者，言聖人之德，能同於天地之道，欲尋求所由，可一句之言而能盡其事理，正由於至誠，是壹言而盡也。其爲物不貳，則其生物不測者，言聖人行至誠接待於物、不有差貳，以此之故，能生殖衆物，不可測量。故鄭云：言多無數也。」

○中庸云：「仲尼祖述堯、舜，憲章文、武，上律天時，下襲水土。辟如天地之無不持載，無不覆幬。辟如四時之錯行，如日月之代明，萬物並育而不相害，道並行而不相悖、小德川流、大德敦化、此天地之所以爲大也。」

按：朱熹章句云：「天覆地載，萬物並育於其間而不相害，四時日月，錯行代明而不相悖，所以不害不悖者、小德之川流；所以並育並行者、大德之敦化。小德者，全體之分。大德者，萬殊之本。川流者；如川之流，脈絡分明而往不息也。敦化者，敦厚其化、根本盛大而出無窮也。此言天地之道，以見上文取辟之意也。」

蓋天地無不持載、無不覆幬，明其大公無私也。

○鄉飲酒義云：「天地嚴凝之氣，始於西南，而盛於西北，此天地之尊嚴氣也。此天地之義氣。天地溫厚之氣，始於東北而盛於東南，此天地之盛德氣也。此天地之仁氣也。」

按：天地凝聚仁義盛德，賢能之士效之。方進身之始則貴於難進易退，而有介然不苟之意，故其接人也主義。主於義，則其進也必正矣。主人與賢能而獻之君，則貴於愛賢下士，而藹然相親之情，故其接人也，主於仁。主於仁，則其好賢也有誠，而其德厚矣。

先儒言天地，以誠信無私，博厚、商、明，悠久，尊嚴仁義，靜壹而敦化，皆天地之大德也。蓋釋名釋天篇云：「天，顯也。在上高顯也。」所以明天之尊嚴高明，地則廣潤遼遠，無不持載，所以博厚無私。春、夏、秋、冬迭行而不悖，不約而信，且其生物不測，爲物不貳，又所以明天地之微妙至誠也。天垂萬象以示衆，行不言之化，令萬物生生不息者，又天地靜壹敦化之大德也。天地生養萬物，仁也。天地節化萬物，義也。此又所以謂「天地爲道之本」之所以然者也。先儒明乎天地之德化，正欲後學知所以參贊天地化育之功，以與天地參也。

六、天地雖屬自然，然主宰人事，化育萬物，兼具無上神格：

○檀弓上云：「子夏喪其子而喪其明。曾子弔之曰：『吾聞之也，朋友喪明則哭之。』曾子哭，子夏亦哭曰：『天乎！予之無罪也。』」

按：論語先進篇：顏淵死，子曰：『噫！天喪予！天喪予！』」檀弓云：「天乎！

予之無罪也。」謂未獲罪於天也。皆明天地主宰一切，明判萬事也。

○檀弓上云：「魯哀公誄孔丘曰：『天不遺耆老，莫相予位焉。嗚呼哀哉！尼父。』」

按：左傳哀公誄孔丘曰：「旻天不弔，不憖遺一老。俾屏予一人以在位，煢煢余在疚，嗚呼哀哉！尼父。」檀弓云：「天不遺耆老。」此云：「旻天不弔，不憖遺老。」文雖各異，其義同也。

○月令云：「是月也，不可以稱兵，稱兵必天殃。兵戎不起，不可從我始。毋變天之道，毋絕地之理，毋亂人之紀。」

按：鄭玄注云：「稱兵必天殃，逆生氣也，爲客不利，主人則可。變天之道，以陰政犯陽。絕地之理，易剛柔之宜。亂人之紀，仁之時而舉義事。」孫紹周集解云：「立天立道，曰陰與陽，立地立道，曰剛與柔。立人之道，曰仁與義。春之德爲陽、爲柔、爲仁。兵之事爲陰、爲剛、爲義。以正月而稱兵，則以陰而干陽，是變天之道。以剛而逆柔，是絕地之理也。以義而反仁，是亂人之紀也。故唯不得已而應敵則可，若兵自我起，則反易三才之道，而天殃必及之矣。」是所以明變天之道，絕地之理者，必遭天遣，必有天殃也。

○禮運云：「故天不愛其道，地不愛其寶，人不愛其情。故天降膏露，地出醴泉，山出器車，河出馬圖，凰皇麒麟皆在郊棷，龜龍在宮沼，其餘鳥獸之卵胎皆可俯而闚也。則是無故，先王能脩禮以達義，體信以達順，故此順之實也。」

按：孔穎達疏云：「明天地為至順之主，卜瑞應也。」蓋聖王能脩禮以達義，體信以達順，故天不愛其道，風雨節而寒暑適，從而膏骨降。地不愛其寶，五穀稔而貨財殖，從而醴泉，器車、河圖出。用賚獎賞也。

○表記云：「子言之，昔三代明王皆事天地之神明，無非卜筮之用，不敢以其私褻事上帝，是故不犯日月，不違卜筮。」

按：此引夫子之言，用明三代明王皆敬慎於事奉天地之神明，謹卜筮而從之也。荀子天論篇云：「列星隨旋，日月遞炤，四時代御，陰陽大化，風雨博施，萬物各得其和以生，各得其養以成，不見其事，而見其功，夫是之謂神。皆知所以成，莫知其無形，夫是之謂天。」明天道之微妙難測如此，故又云「天職既立，天功既成，形具而神生。」是以先儒於天地以「神格」視之。以天地為神明，主宰宇宙萬物，一則，欲人以敬以順事天地。再則，以其道之微妙難測，欲人但順道以修人事，不務役慮於知天地也。

七、天與地，一動一靜，一生一養，雖然有別，但對稱並立而合德：

○月令云：「是月也，天氣下降，地氣上騰。天地和同，草木萌動。」

按：孔穎達疏云：「天地之氣謂之陰陽，一年之中，或升或降。聖人作易，各分六爻，以象十二月，陽氣之升，從十一月爲始，正月三陽旣上，成爲乾卦，乾體在下，坤體在上。故正月爲泰，乾爲天，坤爲地，天居地上，故云天氣下降，地氣上騰。」蓋易以乾爲天，坤爲地。天在上，地在下，上下對稱而並立也。

○禮運云：「故聖人參於天地，並於鬼神，以治政也。處其所存。禮之序也。玩其所樂，民之治也。故天生時而地生財，人其父生而師教之。四者君以用之，故君者，立於無過之地也。」

按：此言天生四時，地生貨財。明天地雖對稱並立而其功有別也。

○禮運云：「故天秉陽，垂日星；地秉陰，竅於山川。播五行於四時，和而后月生也。是以三五而盈，三五而闕。」

按：孫紹周集解引李光地曰：「日星從天而屬陽，四時，日星之所經也。山川從地而屬陰。五行，山川之所主也。然五行之氣，實上播乎四時之間，如雷電風霆雲雨霜露之感遇聚散，無非山川所鬱，五行之精，地所載之神氣，然皆應天之時，與之同流，故天雖有春夏秋冬之四時，而所以生化萬物者，亦不離乎風雨霜露而已。夫五行播於四時，是天地陰陽之和合也。和合故月生焉。陰精陽氣，會於太虛而成象，生之謂也。古今說者，皆謂月在天日星之下，而居地之上，其去地最近，是月在天地之中，而所以調和斟酌乎陰陽者。故曰月以爲量也。其盈也三五，以受陽之施。其闕也三五，以毓陰之孕，故月雖懸象於天，而實地類，故既經緯日星，以佐四時寒暑之令，而又專司山川風雨，胎育羣英也。」

此謂天秉陽，而地秉陰，秉屬雖各異，然二者對稱且合德也。

○禮器云：「禮也者，合於天時，設於地財，順於鬼神，合於人心，理萬物者也。是故天時有生也，地理有宜也，人官有能也，物曲有利也。故天不生，地不養，君子不以爲禮，鬼神弗饗也。居山以魚鼈爲禮，居澤以鹿豕爲禮，君子謂之不知禮。」

按：孔穎達疏云：「君子行禮，必仰合天時，俯會地理；中趣人事。天時有生者，若春薦韭卵，夏薦爰魚是也。地理有宜者，若高田宜黍稷，下田宜稻爰是也。」是明天主生，地主養，其功雖異，然必合同而並立，始能令萬物生生不息也。

孫紹周集解引方愨曰：「禮本乎天，而還以事天，出乎人而還以治人，則是以天合天，以人合人也。故曰合。地則效法焉，故曰設。鬼神不可遺也，故曰順。萬物有成理也，故曰理。」

○郊特牲云：「社，所以神地之道也。地載萬物，天垂象。取材於地，取法於天，是以尊天而親地也。故敎民美報焉。家主中霤而國主社，示本也。」

按：孔穎達疏云：「社，所以神地之道者，言立社之祭，是神明於地之道也。地載萬物者，釋地所以得神之由也。天垂象者，欲明地之貴，故引天爲對也。地有其物，上天皆垂其象，所謂在天成象，在地成形也。取財於地者，財產並從地出，爲人所取也。取法於天者，四時早晚，皆放日月星辰，以爲耕作之候也。所取法，故尊而祭之，天子祭天是也，所取財，故親而祭之，一切祭社是也。地既爲民所親，故與庶民祭之，以敎民美報也。中霤謂土神，卿大夫之家，主祭土神於中霤，天子諸侯之國，主祭土神於社，以土神生財養人，故皆祭之，示其養生之本也。」愚謂地載萬物，天垂象，取財於地，取法於天。乃明天地各有職司而對稱並立也。

○樂記云：「樂著大始，而禮居成物。著不息者天也。著不動者地也。一動一靜者，天地之間也。故聖人曰禮樂云。」

按：樂者，陽之動，故氣之方出而爲物之大始者，樂之所著也。禮者陰之靜，故質之有定而爲物之已成者，禮之所居也。著不息者，天之動也。著不動者，地之靜也。一動一靜，充乎天地之間，以始物而成物者，自然之禮樂也，惟天地禮樂如此，故聖人之治天下，亦必曰禮樂云。

○樂記云：「是故清明象天，廣大象地。終始象四時，周還象風雨，五色成文而不亂，八風從律而不姦，百度得數而有常，小大相成，終始相生，倡和淸濁，迭相爲經。」

按：清明，言其聲之無所淆雜。猶論語之言皦如也。廣大，言其體之無不包載。猶季札言地之無不載也。皆言天象清明，地象廣大，正聲感人，而順氣應之，順氣成象，而和樂興焉，倡和有應，回邪曲直，各歸其分，而萬物之理，各以類相動也。

○祭義云：「曾子聞諸夫子曰：『天之所生，地之所養，無人爲大，父母全而生之，子全而歸之，可謂孝矣。不虧其體，不辱其身，可謂全矣。』」

按：此明天主生，地主養，各有職司。人當順其道並尊事之也。

○祭統云：「凡天之所生，地之所長，苟可薦者，莫不咸在，示盡物也。外則盡物，內則盡志，此祭之心也。」

按：同前章所云：天生地養之義。亦所以明乎天地各有職司也，故云：「天之所生，地之所長。」

綜上之言，明乎先儒以天與地，一生一養，一動一靜，一陰一陽，各有職司。雖然有別，惟其並立而合德，交泰以爲功。故自來多以天與地並稱。蓋欲人順其道並尊事之，取象於天，取法於地。且當明乎，陰陽合德，乾坤交泰之功，用於人事，則知男女雖有別，然各有專司，必合德交泰而後子姓興焉，萬事成焉。

八、天地雖對稱，然一高一下，而有主從、先後、尊卑之分：

○郊特牲云：「男子親迎，男先於女，剛柔之義也。天先乎地，君先乎臣，其義一也。」

按：男子親迎，是男先於女也。所以然者，男剛而女柔，剛之德主乎進，柔之德主於退，非獨昏姻如此，至於天地君臣，其義亦然。故天道資始，而地道代終也。

○樂記云：「天高地下，萬物散殊，而禮制行矣。流而不息，合同而化，而樂興焉。春作夏長，仁也。秋斂冬藏，義也。仁近於樂，義近於禮。樂者敦和，率神而從天。禮者別宜，居鬼而從地。故聖人作樂以應天，制禮以配地，禮樂明備，天地官矣。」

按：天地定位，萬物錯陳，此天地自然之禮也。流而不息，而闔闢不窮，合同而化，而渾淪無間，此天地自然之樂也。春作夏長者，天地生物之仁也，仁者陽之施，故近於樂。秋斂冬藏者，天地成物之義也，義者陰之肅，故近於禮。敦和者厚其氣之同，別宜者辨其體之異。率神者，氣之流行而不息，循乎神之伸也。居鬼者，體之一定而不易，主乎鬼之屈也。率神則屬乎陽而從天，居鬼則屬乎陰而從地，聖人作樂以應天，法乎陽以爲生物之仁，制禮以配地，法乎陰以爲成物之義也。天地官，言天地各得其職。猶中庸之言天地位也。此聖人所以贊化育，而上下同流者也。

○樂記云：「天尊地卑，君臣定矣。卑高已陳，貴賤位矣。動靜有常，小大殊矣，方以類聚，物以群分，則性命不同矣。在天成象，在地成形，如此，則禮者天地之別也。」

按：此在申言天高地下萬物散殊，而禮制行之義。禮有君臣，而天尊地卑，即自然之君臣也。又言在天而日月星辰之成象，在地而山川人物之成形。凡此，皆禮之見於天地者，乃天地自然之別也。

此明先儒以主從、先後、尊卑，說天地之關係。蓋天生萬物，天道資始；地養萬物，地道代終。先生後養，先後、主從之義明矣。又天上地下，上下別宜，陰陽有分，剛柔有別。人循天地之道，以辨長幼，明親疏，分貴賤。禮義備矣。

又先儒以天先地後，天尊地卑，因而時以單稱「天」以概「地」，而不見稱「地」以概「天」，蓋明乎尊足以概卑，上足以概下也。

九、尊事天地之道——當依乎禮，合乎樂，取象於天，取法於地。毋變天之道，毋絕地之理，尊天而親地：

○月令云：「是月也，不可以稱兵，稱兵必天殃，兵戎不起，不可從我始。毋變天之道，毋絕地之理，毋亂人之紀。」

按：此所謂毋變天之道，毋絕地之理，正所以明為政用兵，當尊天而親地也。

○月令云：「是月也，申嚴號令，命百官貴賤，無不務內，以會天地之藏，無有宣出。」

按：申嚴號令，謂申孟秋收斂之令也。百官之貴賤，無不務內，謂卿、大夫、士皆無不收斂當畢也。秋主收，冬主藏，官之收物，始於孟秋，畢於季秋，於是始言藏，冬將至也。會猶合也。言會合於天地藏物之時，而不可違也。

○禮器云：「禮也者，合於天時，設於地財，順於鬼神，合於人心，理萬物者也。是故天時有生也，地理有宜也，人官有能也，物曲有利也。故天不生，地不養，君子不以為禮，鬼神弗饗也，居山以魚鼈為禮，居澤以鹿豕為禮，君子謂之不知禮。」

按：此謂君子行禮，必仰合天時，俯會地理，中趣人事。蓋禮本乎天，而還以事天，出乎人，而還以治人，則是以天合天，以人合人也，故曰合。地則效法焉，故曰設。鬼神不可遺也，故曰順。萬物有成理也，故曰理。

○禮器云：「是故昔先王之制禮也，因其財物而致其義焉爾，故作大事，必順天時，爲朝夕，必放於日月，爲高必因丘陵，爲下必因川澤。是故天時雨澤，君子達亹亹焉。」

按：此在申前一節合於天時之義。蓋天時之所生，地理之所宜，人官之所能，物曲之所利也。財物各有所宜，故先王之制禮，因之以致其宜焉。君子達其亹亹勸勉之意，勉力以報功於神祇而不敢怠也。

○禮器云：「是故昔先王尚有德，尊有道，位有能，舉賢而置之，聚衆而誓之。是故因天事天，因地事地，因名山升中于天，因吉土以饗帝于郊。升中于天，而凰皇降，龜龍假。饗帝于郊，而風雨節，寒暑時，是故聖人南面而立，而天下大治。」

按：先王旣因天地之宜，以制爲祭祀之禮，於是備百官，申誓戒，順其陰陽，就其壇兆，以行其禮，治定功成，故凰皇降而龜龍假，百神受職，故風雨節而寒暑時。

○郊特牲云：「社所以神地之道也，地載萬物，天垂象，取財於地，取法於天，是以尊天而親地也，故教民美報焉。家主中霤而國主社，示本也。」

按：孔穎達疏云：「所謂在天成象，在地成形也，取財於地者，財產並從地出，爲人所取也。取法於天者，四時早晚，皆放日月星辰，以爲耕作之候也。所取法，故尊而祭之。天子祭天是也。所取財，故親而祭之，一切皆祭社是也。地旣爲民所親，故與庶民祭之，以教民美報也。」

○郊特牲云：「祭之日，王被袞以象天，戴冕璪十有二旒，則天數也，乘素車，貴其質也，旂十有二旒，龍章而設日月，以象天也。天垂象，聖人則之，郊所以明天道也。」

按：孫紹周集解云：「被袞，謂內服大裘，而被十二章之衣於其上也。在天成象，莫大於日月星辰之章，故曰象天，日月星辰之衣，不別爲之名，而但謂之袞者，蓋以龍立象爲最顯著而華盛，故特以名其服，猶大常有龍章日月，而或亦但謂之旂也。璪者，用五采絲爲繩，重之以爲冕之旒也，則天數者，天之大數十二，故王之服章及冕之旒，旂之旒，皆取數於是也。素車，殷之木輅，無金玉之飾者也。旂十有二旒，龍章而設日月，中車所謂大常也。明，謂則之以示人也。郊所以明天道，故其衣服旂章，皆取象於天也。」

○樂記云：「大樂與天地同和，大禮與天地同節。和故百物不失，節故祀天祭地。明則有禮樂，幽則有鬼神，如此，則四海之內，合敬同愛矣。」

按：天地有自然之和，而大樂與天地同其和，天地有自然之節，而大禮與天地同其節。百物不失者，百物得和以生，各保其性也。祀天祭地者，萬物得節以成，本其功於天地而報之也。鬼神者，天地之功用，自然之和節也。禮樂者，聖人之功用，同和同節者也。鬼神體物而不遺，禮樂體事而無不在。二者一明一幽，同運並行，故能使四海之內，無不得其節而合於敬，無不得其和而同於愛也。

○樂記云：「樂者，天地之和也。禮者，天地之序也。和故百物皆化，序故群物皆別，樂由天作，禮以地制，過制則亂，過作則暴，明於天地，然後能興禮樂也。」

按：此言樂者天地之和，禮者天地之序，以效法之所本而言也。天地之和，陽之動而生物者也。氣行而不乖，故百物皆化，天地之序，陰之靜而成物者也，質具而有秩，故群物皆別。樂者，法乎氣之行於天者而作，故動而屬陽。聲音，氣之爲也。禮者，法乎質之具於地者而制，故靜而屬陰。儀則，質之爲也。過制則失其序，如陰過而肅，則物之成者復壞，故亂。過作則失其和，如陽過而亢，則物之生者反傷，故暴。明乎天地之和與序。然後能興禮樂以贊化育也。

○表記云：「今父之親子也，親賢而下無能。母之親子也，賢則親之，無能則憐之，母親而不尊，父尊而不親。水之於民，親而不尊，火尊而不親，土之於民也，親而不尊，天尊而不親，命之於民也，親而不尊，鬼尊而不親。」

按：呂大臨傳曰：「地載我者也，然近人，人可得而載。天覆我者也，然遠人，人不可階而升。」

○三年問云：「故三年以爲隆，緦小功以爲殺，期九月以爲間，上取象於天，下取法於地，中取則於人，人之所以群居和壹之理盡矣。」

按：孔穎達疏云：「上取象於天，下取法於地者。天地之氣三年一閏，是三年取象於一閏。天地一期物終，是一期取象於一周。九月象陽數，又象三時而物成也，五月象五行，三月象天地一時而氣變，此五服之節，皆取法於天地也。中取則於人者，子生三年，然後免於父母之懷，故服三年，人之一歲，情意改變，故服一期。九月、五月、三月之屬，亦逐人情而減殺，是中取則於人。取法天地與人，三才並備，故能調和羣衆聚居，和諧專壹，義理盡備矣。」

先儒明示尊事天地之道，當因天地之宜，所謂「因天以事天，因地以事地。」取象於天，取法於地。依乎禮，合乎樂，順乎人情。如此則可以與天地同和，與天地同節，四海之內，合敬同愛也。

再者，天尊地卑，一遠一近。孫紹周禮記集解引呂大臨云：「地載我者也，然近人，人可得而載。天覆我者，然遠人，人不可階而升。」是以尊天親地。然則荀子天論篇云：「所志於天者，已其見象之可以期者矣；所志於地者已其見宜之可以息者矣。」蓋聖人雖不務知天，猶有記識以助治道，所以記識於天者，其見垂象之文，可以知其節候是也。地者，可以親而臨之，然所以記識於地者，其見土宜可以蕃息嘉穀者是也。

一〇、君子以贊天地之化育與天地參爲極致：

○禮運云：「故聖人參於天地，並於鬼神，以治政也。處其所存，禮之序也，玩其所樂，民之治也。故天生四時而地生財，人其父生而師教之，四者，君以正用之。故君者，立於無過之地也。」

按：參於天地，並於鬼神，猶中庸言建諸天地，質之鬼神之意。言聖人效法於天地鬼神，而參擬之，比並之，以求其合也。能與天地合其德，與鬼神合其吉凶，然後禮序而民治也，故聖人以參天地並鬼神爲極致也。

○經解云：「天子者，與天地參，故德配天地，兼利萬物，與日月並明，明照四海，而不遺微小。」

按：天子之所以德配天地，明並日月，非求之於遠也，亦惟自其一身正之，使外無非禮之動，而內無僻之干而已。

○孔子閒居云：「子夏曰：『三王之德，參於天地。敢問何如斯可謂參於天地矣？』孔子曰：『奉三無私以勞天地。』子夏曰：『敢問何謂三無私？』孔子曰：『天無私覆，地無私載，日月無私照。奉斯三者以勞天下，此之謂三無私。其在詩曰：帝命不違，至於湯齊。湯降不遲，聖敬日齊。昭假遲遲，上帝是祇，帝命式於九圍。是湯之德也。」

按：朱熹云：「商之先祖，既有明德，天命未嘗去之，以至於湯。湯之生也，應期而降，適當其時，其聖敬又日躋升，以至昭假於天，久而不息，惟上帝是敬，故帝命之使爲法於九州也。」然則，三王之德參乎天地，故帝必皆命之使爲法於天下也。

○中庸云：「君子之道，造端乎夫婦，及其至也，察乎天地。」

按：朱熹章句云：「君子之道近自夫婦居室之間，遠而至於聖人天地之所不能盡。其大無外，其小無內，可謂費矣。」蓋明乎君子之道以察乎天地爲至也。

○中庸云：「唯天下至誠，爲能盡其性，能盡其性，則能盡人之性，能盡人之性，則能盡物之性，能盡物之性，則可以贊天地之化育，可以贊天地之化育，則可以與天地參矣。」

按：朱熹章句云：「天下至誠謂聖人之德之實，天下莫能加也。盡其性者，德無不實，故無人欲之私，而天命之在我，察之由之，巨細精粗無毫髮之不盡也。人物之性亦我之性，但以所賦形氣不同而有異耳，能盡之者，謂知之無不明，而處之無不當也。贊猶助也。與天地參，謂與天地並立而爲三也。」張載西銘云：

「聖其合德」又云：「其踐形唯肖者也。」是也。

○中庸云：「大哉聖人之道，洋洋乎發育萬物，峻極于天。」

按：此言聖人之道極於至大而無外也。

○中庸云：「唯天下至誠，爲能經綸天下之大經，立天下之大本，知天地之化育，夫焉有所倚，肫肫其仁，淵淵其淵，浩浩其天，苟不固聰明聖知達天德者，其孰能知之。」

按：朱熹章句云：「唯聖人之德極誠無妄，故於人倫各盡其當然之實，而皆可以爲天下後世法，所謂經綸之也。其於所性之全體無一毫人欲之僞以雜之，而天下之道千變萬化，皆由此出，所謂立之也，其於天地之化育，則亦其極誠無妄者，有默契焉，非但聞見之知而已，此皆至誠無妄自然之功用，夫豈有所倚著於物而後能哉？」又云：「承上章而言大德之敦化，亦天道也。前章言至聖之德，此章言至誠之道，然至誠之道，非至聖不能知，至聖之德，非至誠不能爲，則亦非二物矣。此篇言聖人天道之極致，至此而無以加矣。」

先儒以天地之道高明、博厚且悠久，至誠如神，以其至誠如神，高明、博厚、悠久是以能化育萬物。君子當效法天地之道，以能參合天地，與天地同永恆也。所謂「唯天下至誠，爲能盡其性，能盡其性，則能盡人之性，能盡人之性，則能盡物之性，能盡物之性，則可以贊天地之化育，可以贊天地之化育，則可以與天地參矣。」是也。

第五章　禮記之鬼神觀

自有生民以來，於鬼神之事多惑矣。殷商先民尤信鬼神，無事不占，有疑必卜，甲骨卜辭所載歷歷。子曰：「鬼神之爲德。其盛矣乎。視之而弗見，聽之而弗聞，體物而不可遺。」聖人明示鬼神之德如此，而鄭康成以口鼻之嘘吸者爲魂，耳目之精明者爲魄。程子、張子更以陰陽造化爲說，則其意又廣，而天地萬物之屈伸往來皆在其中矣。蓋陽魂爲神，陰魄爲鬼。陰陽則魄凝魂聚而有生。陰陽判，則魂升爲神，魄降爲鬼。易大傳所謂精氣爲物，遊魂爲變。故知鬼神之情狀者，正以明此。而書所謂徂落者，亦以其升降爲言耳。若又以其往來者言之，則來者方伸而爲神，往者既屈而爲鬼。蓋二氣之分，實一氣之運。故陽主伸，陰主屈，而錯綜以言，亦各得其義焉。

詩大雅抑之篇云：「神之格思，不可度思，矧可射思。」鬼神之微妙且不可厭怠又如此。然則，事鬼神之道，當誠且敬矣。所謂「使天下之人齊明盛服以承祭祀，洋洋乎，如在其上，如在其左右。」蓋誠則有物，敬則有禮，有物有禮，則內外兩盡矣。論語雍也篇：樊遲問知，子曰：「務民之義，敬鬼神而遠之，可謂知矣。」集注引程子曰：「人多信鬼神，惑也。不信者又不能敬。能敬能遠，可謂知矣。」

禮記爲周、秦及漢初儒學之總滙，其中言及鬼神之論，百有餘處，玆就所論，析究歸納，用明先儒之鬼神觀：

一、鬼神之爲德，其盛矣乎，視之而弗見，聽之而弗聞，體物而不可遺：

○中庸云：「子曰：『鬼神之爲德，其盛矣乎，視之而弗見，聽之而弗聞，體物而不可遺。使天下之人，齊明盛服，以承祭祀，洋洋乎，如在其上，如在其左右。詩曰：神之格思，不可度思，矧可射思。夫微之顯，誠之不可揜如此夫。』」

按：鄭玄注云：「體猶生也。可猶所也。不有所遺，言萬物無不以鬼神之氣生也。」正義云：「此一節，明鬼神之道，無形而能顯著誠信，中庸之道與鬼神之道相似，亦從微至著，不言而自誠也。」朱子章句云：「程子曰：『鬼神，天地之功用，而造化之迹也。』張子曰：『鬼神者，二氣之良能也。』愚謂以二氣言，則鬼者，陰之靈也。神者，陽之靈也。此一氣言，則至而伸者爲神。反而歸者爲鬼。其實一物而已。爲德猶言性情功效。鬼神無形與聲，然物之終始，莫非陰陽合散之所爲，是其爲物之體，而物所不能遺也。其言體物猶易所謂幹事。」蓋天地之升降，日月之盈縮，萬物之消長變化，無一非鬼神之所爲者，是以鬼神雖無形聲，而徧體乎萬物之中，物莫能遺。易言之，物之聚散終始，無非二氣之往來伸屈，是鬼神之德，爲物之體而無物能遺之也。

此夫子明詔鬼神之德盛，雖視之而弗見，聽之而弗聞，然體乎物而不可遺者也。用明鬼神之隱且費如此也。然則，因其隱費，而明道雖至近，要在身體力行，如此方能放乎至遠而無窮也。

二、鬼神雖多並稱，實亦有別：

㈠神主敦和而從天，鬼主別宜而從地：

○樂記云：「樂者，敦和率神而從天。禮者，別宜居鬼而從地。故聖人作樂以應天，制禮以配地。禮樂明備天地官矣。」

按：孔穎達疏云：「言樂之爲體，敦重和同，因循聖人之神氣而從於天也。禮之爲體，殊別萬物，所宜居，處鬼之所爲而順於地也。樂所以率神者，聖人之魂爲神，樂者調和其氣，故云率神。禮所以居鬼者，賢人之魂爲鬼，禮者裁制形儀，故云居鬼。居者，亦率循之義，變文爾。」蓋敦和者厚其氣之同，別宜者辨其體之異。率神者，氣之流行而不息，循乎神之伸也。居鬼者，體之一定而不易，主乎鬼之屈也。率神則屬乎陽而從天，居鬼則屬乎陰而從地。聖人作樂以應天，法乎陽以爲生物之仁，制禮以配地，法乎陰以爲成物之義也。

(二)山林、川谷、丘陵，能出雲爲風雨見怪物，皆曰神。人死曰鬼：

○祭法云：「埋少牢於泰昭，祭時也。相近於坎壇，祭寒暑也。王宮祭日，夜明祭月也。幽宗，祭星也。雩宗，祭水旱也。四坎壇，祭四方也。山林、川谷、丘陵能出雲爲風雨見怪物，皆曰神。有天下者，祭百神，諸侯在其地，則祭之，亡其地，則不祭。大凡生於天地之間者，皆曰命。其萬物死，皆曰折。人死曰鬼。此五代之所不變也。」

按：日月星辰之神，則雪霜風雨之不時，於是乎禜之。山川之神，則水旱癘疫之不不時，於是乎禜之。四方，卽謂山林、川谷、丘陵之神也。祭山林、丘陵於壇，川谷於坎，每方各爲坎爲壇。怪物乃雲氣非常見者也。又人物之生，其形氣稟之於天，故生於天地之間者，皆曰命。折者，斷絕也。斷則不復續矣。鬼者，氣之屈也，有屈則有伸矣。蓋人物之受命於天地雖同，然物則氣質昏濁，故其死也，謂之折，言其斷而不復續也。人爲萬物之靈，故其死也，屈而能伸，是以有昭明君蒿悽愴之感。此立廟祭祀之法所由起也。

㈢氣也者，神之盛也。魄也者，鬼之盛也：

○祭義云：「宰我曰：『吾聞鬼神之名，不知其所謂。』子曰：『氣也者，神之盛也；魄也者，鬼之盛也。合鬼與神，教之至也。衆生必死，死必歸土，此之謂鬼。骨肉斃于下，陰爲野土，其氣發揚于上，爲昭明焄蒿悽愴，此百物之精也，神之著也。』」

按：鄭玄注云：「氣，謂噓吸出入者也。耳目之聰明爲魄，合鬼神而祭之，此聖人教之至極也。」淮南子：「天氣爲魂，地氣爲魄。」高誘注曰：「魂，人陽神也；魄，人陰神也。」朱子曰：「人之精神知覺，與夫運動云爲皆是神。但氣是充盛發於外者，故謂之神之盛，四肢九竅，與夫精血之屬，皆是魄，但耳目能視聽而精明，故謂之鬼之盛。」蓋鬼神體物而不遺。程子所謂天地之功用，造化之迹。張子所謂二氣之良能也。而夫子乃專以氣與魄言之者，因宰我所問者，祭祀之鬼神，故夫子專以其在人身者言之，以明報氣報魄之禮所由起也。且萬物受形之初，精血之聚，其間有靈者，名之曰魄也。既生魄陽曰魂者，既生此魄，使有暖氣，其間有神者，名之曰魂也。二者既合，然後有物。易所謂精氣爲物是也。及其散也，則魂升而爲神，魄降而爲鬼矣。故曰骨肉之掩於下者，魄之降而爲鬼也。氣之發揚於上者，魂之升而爲神也。此皆人物之所同，但人爲萬物之靈，其魂魄爲尤盛耳。

夫子以氣與魄別乎神鬼，先儒從之而以神主敦和而從天，鬼主別宜而從地。且謂神原於自然，人死則稱乎鬼。然則鬼神雖多並稱，而實有別矣。而神主敦和以從天，鬼主別宜而從地，是明神尊而鬼卑也。鬼神既有尊卑之分，而尊又足以概卑，是以先儒常單稱「神」以概乎「鬼」也。禮記一書中先儒時以稱「神」而實概乎「鬼神」而言者，其理蓋如此也。

三、比順鬼神以為禮樂政教之本：

○禮運云：「是故，夫禮必本於天，殽於地，列於鬼神，達於喪祭、射御、冠昏、朝聘。故聖人以禮示之，故天下國家可得而正也。」

按：孔穎達疏云：「言聖人制禮必則於天，禮從天出，故云本於天，非但本於天，又殽於地。殽，效也。言聖人制禮又效於地。天遠，故言本，地近，故言效。列於鬼神，言聖人制禮，而列鬼神，效法於鬼神。謂法於鬼神以制禮。聖人既法天地鬼神，以制禮本，謂制禮以教民，故祀天禋地，享宗廟，祭山川，一則報其禮之所來之功，二則教民報上之義。」孫紹周集解引應鏞云：「禮之大原出於天，故推其所自出而本之。效法之謂地，故因其成法而效之。列於鬼神，充塞乾坤，昭布森列而不可遺，達於喪祭、射御、冠昏、朝聘，人道交際，周流上下而無不通。法於天地鬼神者，所以承天之道，達於天下國家者，所以治人之情。」

○禮運云：「故聖人參於天地，並於鬼神，以治政也。處其所存，禮之序也。玩其所樂，民之治也。」

按：聖人效法於天地鬼神，參擬之，比並之，以求與天地合其德，與鬼神合其吉凶。然後禮序而民治矣。蓋天地鬼神之道，具於吾身，是聖人之所存也，有以處之，而率履不越，則禮無不序矣。天地鬼神之道，見於政治，是聖人之所樂也，有以玩之，而鼓舞不倦，則民無不治矣。

○禮運云：「故聖人作則，必以天地爲本，以陰陽爲端，以四時爲柄，以日星爲紀，月以爲量，鬼神以爲從，五行以爲質，禮義以爲器，人情以爲田，四靈以爲畜。」

又：「以天地爲本，故物可舉也。以陰陽爲端，故情可睹也。以四時爲柄，故事可勸也。以日星爲紀，故事可列也。月以爲量，故功有藝也。鬼神以爲從，故事可守也。五行以爲質，故事可復也。禮義以爲器，故事行有考也。人情以爲田，故人以爲奧也。四靈以爲畜，故飲食有由也。」

按：聖人之功用與天地之功用並行迭運，若相爲徒侶然，故明則有禮樂，幽則有鬼神。蓋鬼神體物而不遺，故以鬼神爲徒，則事皆有所循以守矣。孔穎達疏云：「鬼神，謂山川鬼神，助地以通氣，是以爲地之徒屬。聖王象之，樹立羣臣，助己以施教，爲己徒屬也。」

○禮運云：「是故夫禮，必本於大一，分而爲天地，轉而爲陰陽，變而爲四時，列而爲鬼神。其降曰命，其官於天也。」

按：孔穎達疏云：「必本於大一者，謂天地未分混沌之元氣也極大，曰天未分曰一，其氣既極大而未分，故曰大一也。分而爲天地者，混沌元氣旣分，輕清爲天在上，重濁爲地在下。而制禮者，法之以立尊卑。轉而爲陰陽者，天地二形旣分，而天之氣運轉爲陽，地之氣運轉爲陰。而制禮者貴左以象陽，貴右以法陰。又因陽時而行賞，因陰時而行罰也。變而爲四時者，陽氣則變爲春夏，陰氣則變爲秋冬。而制禮則有四面之坐，凶時有恩理節權，是法四時也。列而爲鬼神者，鬼神謂生成萬物鬼神也。四時變化，生成萬物，皆是鬼神之功，聖人制禮，則陳列鬼神之功以爲教也。」蓋所謂大一者，上天之載，純一不貳，而爲理之至極者也。分而爲天地，而乾坤之位以定，轉而爲陰陽，而動靜之氣以行，變而爲四時，而春夏秋冬，錯行不悖，列而爲鬼神，而屈伸變化，體物而不遺也。

○樂記云：「大樂與天地同和，大禮與天地同節。和故百物不失，節故祀天祭地。明則有禮樂，幽則有鬼神。如此，四海之內，合敬同愛矣。」

按：鬼神者，天地之功用，自然之和節也。禮樂者，聖人之功用，同和同節者也。鬼神體物而不遺，禮樂體事而無不在。二者一幽一明，同運並行，故能使四海之內，無不得其節而合於敬，無不得其和而同其愛矣。

○中庸云：「故君子之道，本諸身，徵諸庶民，考諸三王而不繆，建諸天地而不悖，質諸鬼神而無疑，百世以俟聖人而不惑。質之鬼神而無疑，知天也。百世以俟聖人而不惑，知人也。」

按：鄭玄注云：「知天知人，謂知其道也，鬼神從天地者也。易曰：『故知鬼神之情狀與天地相似。』聖人則之，百世同道。」孔穎達疏云：「云知其道者，以天地陰陽生成萬物，今能正諸陰陽鬼神，而不有疑惑，是知天道也。以聖人之道雖相去百世，其歸一揆，今能百世以待聖人，而不有疑惑，是知聖人之道也。云鬼神從天地者也，解所以質諸鬼神之德，知天道之意。」

鬼神者，天地之功用，自然之和節，體物而不可遺也。禮樂者，聖人之功用，同和同節，體事而無不在。是以先儒以比順鬼神爲禮樂之本也。又禮樂爲政教之本，是以政教亦當比順於鬼神。蓋禮樂與鬼神，雖幽明有別，然同運並行，則能使四海之內，同節合敬，以臻治教之極也。

四、尊事鬼神之道：

㈠依於禮，合於樂，順乎人情，祭之以時：

○曲禮上云：「道德仁義，非禮不成。教訓正俗，非禮不備。分爭辨訟，非禮不決，君臣、上下、父子、兄弟，非禮不定。宦學事師，非禮不親。班朝治軍，涖官行法，非禮，威嚴不行。禱祠祭祀，供給鬼神，非禮，不誠不莊。是以君子恭敬、撙節、退讓以明禮。」

按：孫紹周集解引吳澄曰：「禱祠者，因事之祭，祭祀者，常事之祭。皆有牲幣以供給鬼神，必依於禮，然後其心誠實，其容莊肅。」是也。

○曲禮上云：「故日月以告君，齊戒以告鬼神，爲酒食以召鄉黨僚友，以厚其別也。」

按：孔穎達疏云：「並厚重遠別也。齊戒謂嫁女之家受六禮，並在於廟布席，告先祖也。」蓋齊戒以告示誠敬也。

○禮運云：「夫禮之初，始諸飲食，其燔黍捭豚，汙尊而抔飲，蕢桴而土鼓，猶若可以致其敬於鬼神。」

按：鄭玄注云：「言其物雖質略，有齊敬之心，則可以薦羞於鬼神。鬼神饗德不饗味也。」蓋禮，經緯萬端，無乎不在，而飲食所以養生，人既生，則有所以養之，故禮制始乎此焉。曰猶若者，言非獨養人者質略如此，而猶可以奉祭祀焉。由其物不足，而誠有餘也。

○禮運云：「禮義也者，人之大端也。所以講信脩睦，而固人之肌膚之會，筋骸之束也。所以養生送死，事鬼神之大端也。所以達天道，順人情之大竇也。」

又云：「大順者，所以養生送死，事鬼神之常也。」

按：道出於天，先王制禮以達之，而秩敍經曲，自此而行。情具於人，先王制禮以順之，而喜怒哀樂由此而和。故禮者，天道人情之所由出入也。順天道，達人情，謂之大順。故云大順者，所以養生送死，事鬼神之常也。

○禮器云：「禮也者，合於天時，設於地財，順於鬼神，合於人心，理萬物者也。是故天時有生也，地理有宜也，人官有能也，物曲有利也。故天不生，地不養，君子不以爲禮，鬼神弗饗也。居山以魚鼈爲禮，居澤以鹿豕爲禮，君子謂之不知禮。故必擧其定國之數，以爲禮之大經。禮之大倫，以地廣狹。禮之薄厚，與年之上下。是故，年雖大殺，衆不匡懼，則上之制禮也節矣。」

按：正義云：「先王制禮，所以能順鬼神者，以鬼神是有德之人，死乃祀爲鬼神。禮既合於人心，故得順於鬼神也。」

○祭義云：「天下之禮，致反始也。致鬼神也，致和用也，致義也，致讓也。致反始以厚其本也，致鬼神以尊上也，致物用以立民紀也，致義則上下不悖逆矣，致讓以去爭也。合此五者以治天下之禮也，雖有奇邪而不治者，則微矣。」

按：此雖言禮之大用，亦以明致鬼神當合於禮也。

○祭統云：「夫祭者，非物自外至者也，自中出生於心也。心怵而奉之以禮，是故唯賢者能盡祭之義。」

又云：「賢者之祭也，必受其福，非世所謂福也。福者，備也。備者，百順之名也。無所不順者之謂備。言內盡於己，而外順於道也。忠臣以事其君，孝子以事其親，其本一也。上則順於鬼神，外則順於君長，內則孝於親，如此之謂備。唯賢者能備，能備然後能祭，是故賢者之祭也，致其誠信與忠敬，奉之以物，道之以禮，安之以樂，參之以時，明薦之而已矣，不求其爲，此孝子之心也。」

按：順於鬼神，以事死言。孝於其親，以事生言，能備，則以事鬼神，事君長，事其親，而無乎不順也。蓋明賢者之祭，但知盡於己，順於道，有得福之理，而無求福之心也。

○仲尼燕居：「子曰：『郊社之義，所以仁鬼神也。嘗禘之禮，所以仁昭穆也。饋奠之禮，所以仁死喪也。射鄉之禮，所以仁鄉黨也。食饗之禮，所以仁賓客也。』」

又：「子曰：『明乎郊社之義，嘗禘之禮，治國其如指諸掌而已乎。是故以之居處有禮，故長幼辨也。以之閨門之內有禮，故三族和也。以之朝廷有禮，故官爵序也。以之田獵有禮，故戎事閑也。以之軍旅有禮，故武功成也。是故宮室得其度，量鼎得其象，味得其時，樂得其節，車得其式，鬼神得其饗，喪紀得其哀，辨說得其黨，官得其體，政事得其施，加於身而錯於前，凡衆之動得其宜。』」

又：「子曰：『禮者何也？卽事之治也。君子有其事，必有其治，治國而無禮，譬猶瞽之無相與。倀倀乎其何之。譬如終夜有求於幽室之中，非燭何見？若無禮，則手足無所錯，耳目無所加，進退揖讓無所制。是故以之居處，長幼失其別，閨門三族失其和，朝廷官爵失其序，田獵戎事失其策，軍旅武功失其制，宮室失其度，量鼎失其象，味失其時，樂失其節，車失其式，鬼神失其饗，喪紀失其哀，辨說失其黨，官失其體，政事失其施，加於身而錯於前，凡衆之動失其宜，如此，則無以祖治於衆也。』」

按：鄭玄注云：「仁猶存也。凡存此者，所以全善之道也。」孔穎達疏云：「仁謂仁思相存念也。郊社之祭，所以存念鬼神也。饋奠之禮，所以仁死喪也者，謂人之初死，設此饋食之奠，所以存念死喪。」吳澄禮記纂言云：「上言以禮制中，損其過，益其不及。蓋因其氣質之偏而除治之，所謂領惡也。此言仁鬼神，至仁賓客。蓋因其德性之美而充周之，所謂全好也。」至於明郊社之義，嘗禘之禮，則鬼神得其饗，若天神皆降，地示皆出是也。若夫鬼神失其饗，喪紀失其哀，凡衆之動失其宜，如此，則無以祖治於衆也。

○表記云：「子曰：『祭極敬，不繼之以樂。朝極辨，不繼之以倦。』」

按：祭以奉事鬼神，始終貴乎敬，逸樂則不足於敬矣。

○表記云：「子曰：『齊戒以事鬼神，擇日月以見君，恐民之不敬也。』」

按：此夫子所以明示事鬼神當存敬心也。如此，則上行下效，民無不敬矣。

○表記云：「子曰：『牲牷禮樂齊盛，是以無害乎鬼神，無怨乎百姓。』」

按：用牲牷禮樂齊盛以祭祀，而無傷害乎鬼神，則鬼神降福，故百姓無怨矣。

(二)事鬼敬神而遠之：

○表記云：「今父之親子也，親賢而下無能，母之親子也，賢則親之，無能則憐之。母，親而不尊。父，尊而不親。水之於民也，親而不尊，火尊而不親。土之於民也，親而不尊，天尊而不親。命之於民也，親而不尊，鬼神尊而不親。」

按：呂大臨傳曰：「君之命見於事，近人而可行，鬼之道存諸理，遠人而不可形也。」論語雍也篇：樊遲問知，子曰：「務民之義，敬鬼神而遠之，可謂知矣。」集注引程子曰：「人多信鬼神，惑也。不信者又不能敬。能敬能遠，可謂知矣。」正是此義。

○表記云：「子曰：『夏道尊命，事鬼敬神而遠之，近人而忠焉。先祿而後威，先賞而後罰，親而不尊，其民之敝惷而愚，喬而野，朴而不文。殷人尊神，率民以事神，先鬼而後禮，先罰而後賞，尊而不親，其民之敝，蕩而不靜，勝而無恥。周人尊禮尚施，事鬼敬神而遠之，近人而忠焉。其賞罰用爵列，親而不尊，其民之敝，利而巧，文而不慚，賊而蔽。』」

又：「子曰：『夏道未瀆辭，不求備，不大望於民，民未厭其親。殷人未瀆禮，而求備於民，周人强民未瀆神，而賞爵刑罰窮矣。』」

按：此夫子明夏、商、周三代事鬼神之道，及其得失也。蓋夏承重黎絕地天通之後，懲神人雜糅之敝，故事鬼敬神而遠之，而專以人道爲教也。夏忠勝而敝其失野，救野莫如敬，故殷人承之而尊神，尊神則尚敬也。觀盤庚之篇，諄諄於先后之降罰，則可知殷人之先鬼。觀商之詩、書，皆駿厲而嚴肅，則可知殷人之先罰。殷人敬勝而敝其失鬼，救鬼莫若文。故周人承之，而尊禮尙施，尊禮尙施則文勝，文勝則實意衰。習於威儀揖讓之節，故其敝也，便利而儇巧，相接以言辭，故其敝也，文辭多而不以捷給爲慚，儀物繁多，故其敝也，傷害於財力，至於困而不能振也。總之，三代之道，或强教之意多，或說安之意多，其於或尊或親；皆不能無偏勝焉。非聖人之德有所未至也。蓋所值之時不同；而救敝之道，有不得不然者爾。

㈢神尊鬼卑，祭之之禮有別：

○郊特牲云：「帝牛不吉，以爲稷牛，帝牛必在滌三月，稷牛唯具，所以別事天神與人鬼也。」

按：郊天以稷配，故卜二牲而養之，一爲帝牛，一爲稷牛，若帝牛死傷，則取稷牛爲帝牛，又別取他牛爲稷牛也。天神尊，故帝牛必在滌三月，人鬼卑，故稷牛可以臨時取具也。鄭玄注云：「滌，牢中所搜除處也。」

㈣誠、信、忠、敬，尙質、尙儉以與神明交：

○檀弓下云：「弁絰葛而葬，與神交之道也，有敬心焉。周人弁而葬，殷人冔而葬。」

按：與神交之道者，始死全用事生之禮，將葬而漸神之，故變服而葬，以交於神明者，不可以不敬也。蓋大夫士之父，全乎父者也，其尊近，致其哀而已，天子諸侯之父，兼乎君者也。其尊遠，故至葬，則哀久而敬生，而不敢以凶服接之。

○王制云：「山川神祇有不舉者爲不敬。不敬者，君削以地。宗廟有不順者爲不孝，不孝者君絀以爵，變禮易樂者爲不從，不從者君流，革制度衣服者爲畔，畔者君討，有功德於民者，加地進律。」

按：孔穎達疏云：「山川是外神，故云不舉。不舉，不敬也。山川在國境，故削以地，宗廟是內神，故云不順。不順，不孝也。」

○月令云：「是月也，命四監大合百縣之秩芻，以養犧牲，令民無不咸出其力，以共皇天上帝名山大川四方之神，以祠宗廟社稷之靈，以爲民祈福。」

按：秋時草枯，故於季夏令民芟芻，名山大川，五嶽四鎭四瀆也。四方，山林川澤邱陵墳衍之神，兆之各以其方者也。以出於民力者供犧牲，成民而後致力於神也。祭祀以爲民祈福，先民後己也。

○郊特牲云：「籩豆之實，水土之品也，不敢用褻味而貴多品，所以交於神明之義也。非食味之道也。先王之薦，可食也，而不可耆也。卷冕路車可陳也，而不可好也，武壯而不可樂也，宗廟之威而不可安也，宗廟之器可用也。而不可便其利也。所以交於神明者，不可以同於所安樂之義也。酒醴之美，玄酒明水之尙，貴五味之本也。黼黻文繡之美，疏布之尙，反女功之始也。莞簟之安，而蒲越稾鞂之尙明之也，大羹不和，貴其質也。大圭不琢，美其質也。丹漆雕幾之美，素車之乘，尊其樸也，貴其質而已矣，所以交於神明者，不可同於所安，褻之甚也，如是而后宜。」

按：水土之品者，言籩豆之實，皆是水土所生之品類，非人所常食也，不敢用褻美食味。而貴衆多品族，所以交接神明之義也，神道與人異，故不敢用人之食味，神以多大爲功，故貴多品。孔穎達疏云：「所以交於神明者，不可以同於所安樂之義也。是總結上文之義也。」又云：「所以交於神明者，不可同於所安褻之甚也者，解所以諸事貴質者，以其交接神明，不可同於尋常，身所安褻之甚極也者，若其安褻之不甚者，亦得同之。如是而后宜者，言尙質，尙儉如是而后得交神明之義也。」

○樂記云：「窮本知度，樂之情也。著誠去僞，禮之經也。禮樂偵天地之情，達神明之德，降與上下之神，而凝是精粗之體，領父子君臣之節。」

按：朱子曰：「禮之誠便是樂之本。樂之本便是禮之誠，若細分之，則樂只是一個周流底物，禮則兩個相對，著誠與去僞也。禮則相刑相尅，以此尅彼。樂則相生相長，其變無窮，樂如晝夜循環，陰陽之闔闢，周流貫通。而禮則有向背明暗。所以樂記內外同異，只管相對說。」蓋聲音、動靜，性術之變也，極其和順之本於心，而知其發爲聲音動靜之變，則情之發皆中節而無不和，爲樂之情。禮之忠信爲本，著誠去僞，則本立而其文由之而出，故爲禮之經。降興上下之神，言禮樂用之祭祀，可以感格鬼神。若周禮云：「天神皆降，地祇皆出。」是也。

○雜記下云：「路寢成，則考之而不釁，釁屋者，交神明之道也。凡宗廟之器，其名者成，則釁之以豭豚。」

按：鄭玄注云：「路寢、生人所居，不釁者，不神之也。考之者，設盛食以落之爾。

檀弓曰：晉獻文子成室，諸大夫發焉，是也。」孔穎達疏云：「此屋與神明相交，故釁之也。」

○祭義云：「薦其薦俎，序其禮樂，備其百官，奉承而進之，於是諭其志意，以其慌惚以與神明交，庶或饗之。庶或饗之，孝子之志也。」

按：前段言奉承而進之，謂朝踐時。此處言奉而進之，謂饋熟時也。洞洞屬屬，以其慌惚以與神明交，誠意專一，如將見之，虛中以治之之驗也。

○祭統云：「是故天子親耕於南郊，以共齊盛，王后蠶於北郊，以共純服，諸侯耕於東郊，亦以共齊盛，夫人蠶於北郊，以共冕服，天子諸侯，非莫耕也，王后夫人非莫蠶也。身致其誠信，誠信之謂盡，盡之謂敬，敬盡然後可以事神明，此祭之道也。」

按：此明言雖貴爲人君、夫人。必躬親耕蠶，然後可以外盡物、內盡志，所以致誠信也，此祭事神明之道也。

○祭統云：「是故君子之齊也，專致其精明之德也。故散齊七日以定之。致齊三日以齊之。定之之謂齊，齊者精明之至也。然後可以交於神明也。」

按：孫紹周集解云：「齊之爲言齊，言齊一也。大事，謂祭祀之事也。恭敬，則以其心言之，蓋亦有非祭祀而致其恭敬者，如齊戒以見君是也。」

○祭統云：「鋪筵設同几，爲依神也。詔祝於室而出于祊，此交神明之道也。」

按：生時形體異，故男女別筵，死時精氣和，故男女同几。生人有象可接，故事之有定所，死則不知神之所在，故求之非一處。此二者皆所以交神明之道也。

○哀公問云：「哀公問於孔子曰：『大禮何如？君子之言禮，何其尊也。』孔子曰：『丘也小人，不足以知禮。』君曰：『否，吾子言之也。』孔子曰：『丘聞之，民之所由生，禮爲大。非禮無以節事天地之神也。非禮無以辨君臣、上下、長幼之位也。非禮無以別男女、父子、兄弟之親，昏姻疏數之交也。君子以此之爲尊敬然。』」

按：節，制限也。天地之神，尊卑不同，各以其制限事之，若天子祭天地，諸侯祭社稷也。疏數，謂交際往來，或疏或數也。夫子所謂君子尊敬此禮，所以其行之不敢不勉。此亦所以教民之本者也。

㈤生事畢而鬼事始：

〇檀弓下云：「虞而立尸，有几筵，卒哭而諱。生事畢而鬼事始已。」

按：孫紹周集解云：「周人以諱事鬼神，卒哭而諱者，爲明日將祔，而廟祭之禮自此始，始以鬼神之道事之，故曰生事畢而鬼事始也。」

祭統雖云人死之謂鬼。唯先儒以生者不忍於親人之猝亡，故初猶仍以生禮事之，至廟祭之禮始，生事方畢，而以鬼神之道事之。又神尊鬼卑，是以事之之禮有別。且鬼神爲幽，微妙難見，是以先儒示以尊而不親之道。用明鬼神當尊之而不可惑也，所謂「敬鬼神而遠之」夫子詔之明矣。

又尊事鬼神之道，先儒以爲當依於禮、合於樂，順乎人情祭之以時，且能尚儉尚質，以示誠信忠敬之心。蓋無禮樂，不足以和同節事，祭之不以時，則其事不成，又不誠則無物，如同不祭，悖乎人情則難達矣。

五、假於鬼神以疑衆者，殺：

〇王制云：「析言破律，亂名改作，執左道以亂政，殺。作淫聲、異服，奇技，奇器以疑衆，殺。行僞而堅，言僞而辯，學非而博，順非而澤以疑衆，殺。此四誅者，不以聽。」

按：鄭玄注云：「今時持喪葬、築蓋、嫁取、卜數、文書，使民悖禮違制。」孔穎達疏云：「謂妄陳邪術，恐懼於人，僞託吉凶，以求財利。」孫紹周集解引馬晞孟云：「卜筮者，先王所以使民信時日，畏法令，而不以正告，則謂之假。」蓋以亂政者，疑衆者，爲其罪大，而情必出於故，故誅之不疑，而不復聽也。其所謂假於鬼神以疑衆者，猶今之所謂神棍也。聖人惡之之深也，可見一斑。

此明先王立法要在以至誠持正，立信無私。而於假鬼神以惑衆者，深惡痛絕，以其妄陳邪術，假託吉凶，恐懼於人。如此，則世道紛亂，悖情逆禮，是以當嚴法滅絕之，以絕後患也。

第六章 結論

夫原始洪荒，先民因畏於天地鬼神之奇幻莫測，因設禮以敬事之，用以祈福保安，原始禮儀於焉產生。及乎聖王代作，則仰觀俯察，因天地之道，鬼神之德，制訂禮儀節度。用以敬天地，事鬼神，推而治人倫，安政教。禮記禮器篇云：「故經禮三百，曲禮三千。」中庸篇云：「禮儀三百，威儀三千。」然則，禮經之成，乃所謂因天以事天，因地以事地也。唯禮經所載僅止於禮儀節度之當然，而其所以然之理，則端賴周、秦及漢初諸儒之說。而今傳禮記四十九篇，正周、秦、漢初諸儒說禮之總滙。於今，考察先儒因應天地鬼神之道，甚而治人倫，安政教之理，莫重於禮記一書矣。

綜觀禮記一書所述，儒家於天地鬼神，雖肯定天地至誠無私，具無上神格；鬼神之德盛，體物而不可遺。然儒家並不以宗教迷信之態度事之，而以哲學之精神處之。且儒家於敬事天地鬼神之禮文，雖賅備不遺，然因依天地之道，比順鬼神之德，用成禮樂、道德之規範，以爲政治教化之依歸。則又大異於周、秦以來諸家異端之說，與夫方士玄怪荒誕之術也。

蓋儒家思想以人爲本。是以禮記一書以「天地爲萬物之母」，一則以明「天人關係」，以謂人乃天之所生，地之所養者也。卽張子厚西銘所云：「天地之塞，吾其體；天地之帥，吾其性。」是也。從而因天地爲人之父母，以謂天地有好生之德，是以人有不忍人之心。卽詩大雅蒸民之篇云：「天生蒸民，有物有則，民之秉夷，好是懿德。」用明「人性本善」此又儒家學說立論之本，「性善論」之所由來也。再者，以「天地爲萬物之母」論及「人與人之關係」與夫「人與物之關係」，卽如張子厚西銘所謂「民吾同胞，物吾與也。」於是得以啟發「仁民愛物」之胸懷。

又禮記一書，以「道」本於天地，比順鬼神。要在明乎「道」之本源。此卽儒、道二家言「道」之所不同者也。蓋道家以爲道者，天地之所由生者也。老子云：「有物混成，先天地生，寂兮寥兮，獨立而不改，周行而不殆，可以爲天下母，吾不知其名，字之曰道。」。而禮運云：「故聖人作則，必以天地爲本，以陰陽爲端，以四時爲柄，以日星爲紀，月以爲量，鬼神以爲從，五行以爲質，禮義以爲器，人情以爲田，田靈以爲畜。」是以用乎儒家之「道」，原出於天地也。易乾象曰：「天行健，君子以自强不息。」是也。再者，既言「道」之大原出於天地，比順鬼神，而天地有誠信無私，仁義敦化之常道，鬼神具其盛德，體物而不遺。又以明乎君子當秉至誠以行「內聖外王」之大道。由「盡性」而「推恩」，如此，則由內而外，由己而人，由小而大，由本而末。大學所謂「物有本末，事有終始，知所先後，則近道矣。」。本立而道生，則可以贊天地之化育，可贊天地之化育，則可以與天地參矣。與「天地參矣」卽臻於「天人合一」之境界，欲人類達乎精神生命之永恆境界，此又儒家思想之最高理想也。

然而，儒家思想非所以獨善其身而已。要在能行「己立立人」、「己達達人」之「兼善天下」之志。論語子張篇：子夏曰：「仕而優則學，學而優則仕。」是以儒家思想推本其「修身養性」之論，以達於政台教化之功矣。故禮記一書又明乎「禮樂原於天地，順於鬼神」以謂「樂者，天地之和也。禮者，天地之序也。」（樂記）又「夫禮必本於大一，分而爲天地，轉而爲陰陽，變而爲四時，列而爲鬼神，其降曰命，其官於天也。夫禮必本於天，動而之地，列而之事，變而從時，協於分藝。」（禮運）。而禮樂又政教之所本。夫子曰：「夫禮，先王以承天之道，以治人之情。故失之者死，得之者生。」（禮運）又樂記云：「大樂與天地同和，大禮與天地同節。和，故百物不失。節，故祀天祭地。明則有禮樂，幽則有鬼神。如此，則四海之內，合敬同愛矣。」故政敎又當以天地鬼神爲依歸。禮運云：「故聖人參於天地，並於鬼神，以治政也。處其所存，禮之序也。玩其所樂，民之治也。故天生時，而地生財，人其父生，而師敎之。四者，君以正用之，故君者，立於無過之地也。」至此，則儒家之哲學思想體系以立，其「順乎天，應乎人」之大道以成。是以儒家之道，雖放諸四海而皆準，百世以俟聖人而不惑也。

至於，禮記諸篇，言及尊事天地鬼神之道，以爲人當「尊天親地」，用以闡發「務本孝親」之道。其言「事鬼敬神而遠之」，「假於鬼神以疑衆者，殺。」皆所以戒乎人之「因畏而敬，因敬而惑」，以致失人事而務鬼神之義也。

主要參考書目

十三經注疏　藝文印書館影印嘉慶重刊宋本
禮記傳　呂大臨　商務印書館
禮記集說　衞　湜　商務印書館
讀禮記日鈔　黃　震　商務印書館
禮記纂言　吳　澄　商務印書館
禮記通解　郝　敬　商務印書館
禮記章句　王夫之　商務印書館
禮記集解　孫希旦　文史哲出版社
五禮通考　秦蕙田　商務印書館
三禮通考　皮錫瑞　商務印書館

史記　司馬遷　藝文印書館
漢書　班　固　藝文印書館
老子注　王　弼　河洛出版社
老子章句　河上公　廣文書局
荀子集解　王先謙　藝文印書館
左海經辨　陳壽祺　商務印書館
四書集注　朱　熹　世界書局
朱子語類　張伯行輯訂　商務印書館
大學問　王守仁　商務印書館
傳習錄　葉鈞點註　商務印書館
呂氏春秋新校正　畢　沅　世界書局
禮學新探　高　明　香港中文大學聯合書院
政大學報（第四期）　國立政治大學
甲骨文字集釋　李孝定　中央研究院歷史語言研究所
國學導讀叢編　周　何　田博元　康橋出版事業公司